巡り逢い えひめ
歴史と人と民俗と

文・難波　穣　　写真・桜田耕一

目次

境目峠

［四国中央市川滝町］

遠く近く、馬子唄響いた峠道

境目峠の下を貫通、愛媛と徳島を結ぶ国道192号の「境目トンネル」。愛媛側入り口の上には、境目峠へ向かう旧道が通る

愛媛県側からの境目峠。切り通し左手には、かつて、この峠を越えた多くの人が見やったであろう、県境を示す「石碑」が立つ　(2014年1月11日午前11時50分頃撮影)

国道192号は、愛媛県西条市から徳島県徳島市に至る一般国道。旧国道は、境目峠を越えて、徳島と結んでいた。

峠の北東約500メートルに、昭和47(1972)年開通の境目トンネル、さらに、その1キロメートル北東には、平成12(2000)年開通の徳島自動車道新境目トンネルが、徳島県へと通じる。

愛媛県の東端、県境の町、旧川之江市（現四国中央市）の話。

古代律令制の時代。この地には、大和から伊予国府へと延びた太政官道の大岡駅が置かれ、阿波、土佐へと向かう街道が分岐する、交通の要衝だった。

中世には、伊予河野氏と讃岐細川氏らの抗争に巻き込まれた土肥・金谷・大西・河上氏らが、川之江城、轟《とどろき》城などに拠《よ》って興亡を繰り返し、戦国期に至っては、土佐長宗我部氏の侵攻を受ける。

藩政期には一時、一柳氏の川之江藩が置かれ、その後、伊予天領支配（松山藩預所）のため代官所が置かれていた。

明治元（１８６８）年3月、官軍・土佐藩に接収されてその預所となり、同4年1月には瀬戸内海対岸の倉敷県に吸収され、同年5月に丸亀県、さらに同年11月には松山県へと移り、明治6年2月、愛媛県に属することとなった。１８７３年のことだ。

明治の初め、県境を抱えたこの町は、高知、岡山、香川と渡り歩いた後、元々の愛媛に落ち着いて１４０年余り、という歴史をもつ。

県境に接していたがため、思わぬ憂き目に遭ったのだ。

さて、その県境だが、この町には二つ存在する。香川県境と徳島県境だ。

町の人は前者を「県境」、後者を「境目《さかいめ》」と呼ぶそうだ。

「県境」は、四国中央市川之江町余木字鳥越と呼ばれるあたりを指し、国道11号、旧讃岐街道が通る。東の伊予路が始まるところだ。燧灘に突き出た岬を余木崎といい、岬の突端近くに立つ余木崎神社の後背、標高29メートルの丘からは燧灘、瀬戸内海を一望する。

一方の「境目」は、四国中央市川滝町下山字境目の、国道１９２号、旧阿波街道が通る境目峠一帯を指す。伊予と阿波、国境《くにざかい》をなす標高３

81メートルのこの峠を越えて、愛媛から徳島へは、魚や葉タバコが、徳島から愛媛へは、薪炭や楮《こうぞ》が、運ばれていたそうだ。

阿波池田、現在の徳島県三好市は、タバコ産業で栄えた町。また、楮は、ご存じ、和紙の原料。ここ川之江は、言わずと知れた「紙の町」である。

が、それもこれも過去のこと。かつては、旅籠《はたご》や料理屋が軒を並べ、行き交う人々を迎えた峠の集落だが、峠道は「トンネル」に取って代わられ、今では、暮らす人々の住家が残るのみとなった。

国道192号の旧道、両側に石積みの擁壁が続く切り通しの坂道を上った先、境目峠には、正面に「従是東《これよりひがし》 徳島縣《とくしまけん》三好郡《みよしぐん》」と大きく刻まれた石碑が、「ここから先は、徳島県」と、主張するように立つ。

石碑は、徳島県によって、大正6(1917)年に建てられたもの。明治6年に県境が確定した後、40年余り経《た》ってからのことだ。

峠道を辿《たど》ると、ちょうどこの石碑のところで、道路の舗装が変わっているのに気づく。

一本の連続した道でありながら、路面の状況が異なるのだ。愛媛側は少し目の粗い舗装、徳島側は目の詰まった舗装。

両サイドの石積みもそうだ。この石碑を境に、積み方が異なるのである。

要は、工事を請け負った業者が異なっただけのこと、この石碑を境に工区が異なったということなのだろうが、何かしらの、曰《いわ》く因縁の存在、この町の県境を巡るドラマを想像してしまう。

愛媛と徳島、二つの生活・文化・経済圏の接点として存在した「峠」は、かつての荷駄の鈴音や馬子唄を聞くこともなく、樹林の下で、歴史の中に埋もれつつある。

菩提の道場

［西条市小松町石鎚］

辺土、辺地行く四国遍路

横峰寺までの距離を示す遍路道沿いの「舟形地蔵丁石」。1丁は約109メートル

745メートルの標高に建つ横峰寺へと続く急坂、「遍路ころがし」。昭和59(1984)年に林道が完成するまで、遍路たちは、高低差650メートルのこの坂を上った　(2014年4月10日午前10時30分頃撮影)

明治初年の神仏分離によって、横峰寺は石鎚神社西遥拝所横峰社となり、廃寺。60番札所は、旧小松町新宮の清楽寺に移る。明治10(1877)年、旧横峰寺の檀家総代から再興願いが出され、同11年愛媛県令から認可、同13年に「大峰寺」という名称で寺は復活する。

その後の明治18年、清楽寺との協定で、清楽寺は前札所となり、再び60番札所に戻る。同41年、横峰寺の旧称に復する。

歩きの「お遍路さん」をよく見かけるようになった。

自宅近くに番外札所があること、さらには、霊場開創１２００年の〝効果〟もあってか——。

総延長１４００キロメートルにも及ぶ遍路道は、阿波が「発心《ほっしん》」、土佐が「修行《しゅぎょう》」、伊予が「菩提《ぼだい》」、讃岐が「涅槃《ねはん》」と、四つの道場に分けられ、遍路旅に出た人々はそれぞれの道場の門をくぐり、修行を積み、結願を目指す。

道場と見立てた四国それぞれの一国のなかには、「関所」と呼ばれる霊場がある。

伊予では、第60番の横峰寺がこれに当たり、煩悩を捨て、悟りの境地に達していない者は、無事通過することはできないとされる。

第59番の国分寺から横峰寺に至る道中には、「遍路ころがし」と呼ばれる急坂が関所となって遍路たちの行く手を遮り、菩提の会得を問うのである。

坂と言いつつ、場所によっては傾斜が30度を超え、杖など役に立たない。それはもう、山岳登山のような難路である。

遍路の心底を試されるような〝坂〟だ。

この四国遍路、元々僧たちの修行の場であったものが、江戸時代に入って大衆化、様々な「願い」を抱いて仏にすがった遍路たちのなかには、厳しい道中に、行き倒れとなる者も多くいた。

『菊間町誌』（昭和54年）に、「江戸後期の文化から文政の時代13年間に、菊間で行き倒れとなった遍路の数、32人」という記述がみえる。年に2から3人の勘定だ。

想像だが、四国全土では、年間１００に余る遍路の死があったのだろう。

「遍路墓」とされる、遍路道沿いにたたずむ自然石や土饅頭《どまんじゅう》は、道中で果てた数多くの遍路の存在を物語る。

このように、「難行苦行の末に得られた悟りの境地」を菩提と呼ぶが、菩提のもうひとつの解釈、「亡者が涅槃に向かえるよう生者が供養（回向）すること」を考えた場合、どうだろう――。

「行旅死亡人《こうりょ》」という言葉がある。

法律用語ではあるが言い得て妙、旅の途中で亡くなった人々を指す。

旅先で亡くなる「客死」とは、根本的に意味を異にし、本人の氏名または本籍地・住所などが判明せず、かつ遺体の引き取り手が存在しない死者を指すもので、行き倒れている人の身分を表す法律上の呼称である。

行旅死亡人となると、死亡地の市町村が遺体を火葬し遺骨として保存、官報の公告で引き取り手を待つこととなる――。

明治32年勅令第277号（行旅病人死亡人等ノ引取及費用弁償ニ関スル件）として、公布・施行されて以来、改正を重ねながら、今に生きる政令だ。

道中行き倒れた遍路たち、身元が知れなければ、この政令に拠《よ》って市町村役場が弔うこととなる。

この政令以前、行き倒れた遍路たちはどのように扱われたのだろう。

担ったのは、地域社会・共同体、いわゆる〝ムラ〟であった。

病苦に倒れた者には施薬を行い、亡くなった者は懇ろにその菩提を弔い、遺児がいればムラへ受け入れ、育てた。

ムラによっては、それらに要する費用を賄うため、共同の水田を用意した。

このように、遍路に対する四国の人々の接待は、今どき流行《はやり》の「おもてなし」とか「癒やし」などといった薄っぺらな言葉では説明のつかない、奥深い心の現れであったようだ。

菩提という言葉、一つには、遍路たちがこの急坂を越えて開こうとした「悟り」として、二つには、遍路を受け入れる四国の人々の「心根」として、あるようだ。

寒風山

［西条市藤之石］

山肌に刻まれたのは、人々の思いと足跡

愛媛と高知の県境に穿たれた新寒風山トンネル

旧寒風山トンネルを経由して高知へ向かう“山岳道路”。左手のピークが寒風山
（2013年6月7日午後5時10分頃撮影）

愛媛と高知を分かつ標高1763メートルの寒風山の肩の部分には、新旧2本のトンネルが穿《うが》たれている。昭和39(1964)年7月、標高1120メートルの地点に開通した「旧寒風山トンネル」の前後の道路は、急傾斜で屈曲の多い悪路であり、大雨や積雪による路面凍結など、通行規制が度々発生したため、関係自治体や企業から道路改良を求める声が上がり、昭和56(1981)年に新トンネルの開削工事が始まった。平成11(1999)年4月17日、西瀬戸自動車道(しまなみ海道)の開通を前に「新寒風山トンネル」が供用開始。区間の所要時間は、約60分から約15分へと、大幅な短縮となり、積雪の影響もほぼ解消された。

「愛媛では、隣町へ行くのに、いくつも山や川を越えなければならない」

九州は別府から八幡浜に渡り、車を走らせて松山の拙宅を訪ねてくれた友人の言だ。まだ、高速道整備以前のこと。

確かに、八幡浜に上陸したはいいが、大洲、内子、中山、伊予と、松山に至るその行程は、山を越えて川を越えての繰り返しである。

古来、「クニ」あるいは「国」と呼ばれた地域・エリアの境界は、峻険《しゅんけん》な山岳や大きな川を挟んで設けられた。容易に越境できないように、という意味合いだろう。

しかし、これは統《す》べる者の論理。そこに暮らす人々にとっては、山も川も、移動の障害でしかなく、人やモノの交流を求め、また、どうにもならない事情を抱え、人々はそれらを越えた。「予土《よど》国境」と呼ばれた石鎚山系の山々も、〝障害〟であった。

西条市の南、高知県境には、石鎚山、瓶ケ森、東黒森、伊予富士、寒風山、笹ケ峰など１８００メートル級の石鎚山系の山々が連なり、〝四国の脊梁《せきりょう》〟を成している。

今でこそ、寒風山の下を貫く５４３２メートルの新しいトンネルを設けた国道１９４号が、西条市と高知県いの町を結ぶが、この山を越えての行き来は、さぞや難儀であったろうと想像する。

しかしながら、舗装道路もトンネルもなかった時代に、寒風山を越えて予土両国間に頻繁な往来があったことを示す記録が多く残る。

『西条市誌』（昭和41年）によると、「文明十八年（１４８６年）西條神拝天満宮」と銘の入った鰐口《わにぐち》（神殿などの前面軒先に吊《つる》され、参詣人らが布で編んだ垂れ緒で打ち鳴らす円形・中空の音具）が高知県吾川郡いの町足谷の観音堂に、また、同郡仁淀川町安居の安居霊社には、「応永三十年（１４２３年）西條飯岡野口保八幡宮」と銘の入った鰐口が伝わるそうだ。いずれも西条と高知を結ぶルート沿いに当たる。

何故《なぜ》、鰐口なのか。何故、西条から高知なのか。銘の年代は、室町幕府の統制、箍《たが》がゆるみ、戦国時代に移ろうとする時代のものだが、実際に伝わったのは天正年間、羽柴秀吉が四国を平らげようとした頃のようだ。

天正13(1585)年7月、東予地方、新居・宇摩両郡内の諸将をまとめ、土佐の長宗我部元親の援軍を得た金子城主・金子元宅《もといえ》は、秀吉側の小早川隆景の侵攻に激しく抵抗するも、敗れ、討ち死に。旧西条市域を焼け野原にする激しい戦いだった。「天正の陣」である。

400年余り前、土佐からは、具足に槍《やり》を抱えた長宗我部の軍勢がこの山を越え、伊予からは、人、モノどころではない、神社もお寺もこの山を越えて土佐、高知に避難した。「土佐落ち」と呼ばれている。

西条祭りで楽車《だんじり》や屋台が賑《にぎ》やかに奉納される伊曾乃神社も、戦火を避けて吾川郡いの町の寺川へ移ったと伝わるから、これはもう、クニを挙げての山越えだったのだろう。

西条から国道194号を加茂川に沿って進み、旧寒風山トンネルに向かう旧道を上っていると、山肌を左から右へ、右から左へと走る道路が目に入ってくる。

標高、高度を稼ぐためだろう、45度は超えるであろう斜面をジグザグに、スイッチバックを繰り返して、山を上って行く。

400年前、西条の人々が神社やお寺とともに土佐落ちした道もこのような具合だったのだろうか——。いや、トンネルに至る途中、廃道の痕跡らしきものを何カ所か目にしたが、それは、崖沿いであったり、急斜面をよじ登るようなものであったりと、もっともっと難儀なものであったようだ。

「国境」「県境」といった線引きにはあずからない、そこに暮らした人々の足跡だ。

道路、トンネル、橋の類《たぐい》は、人々の往来の上書きであるようだ。

南海道

［西条市河原津］

先人の記憶、辿る道筋

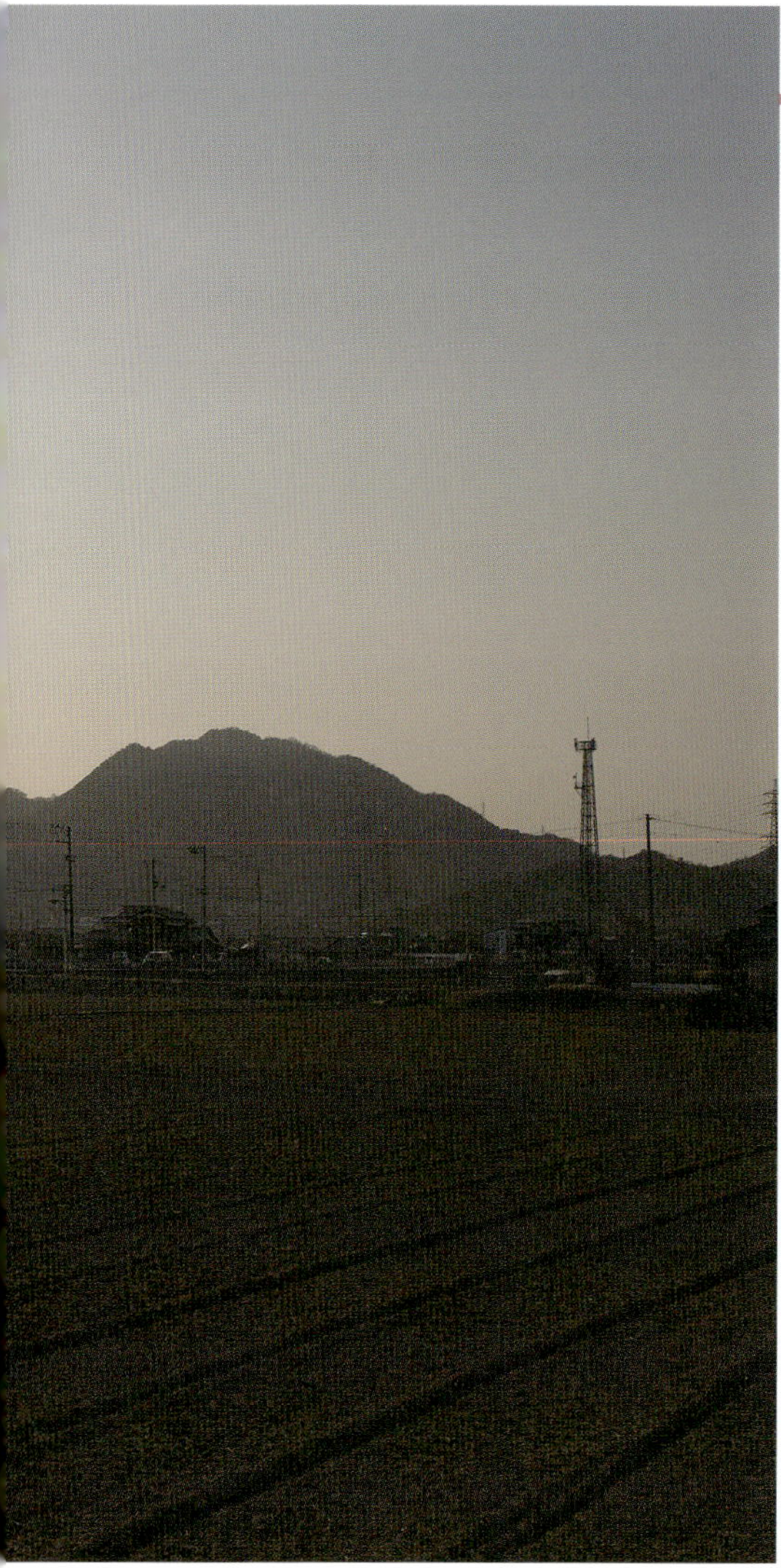

伊予国分寺塔跡。基壇の上に心礎を含む12の礎石が残る

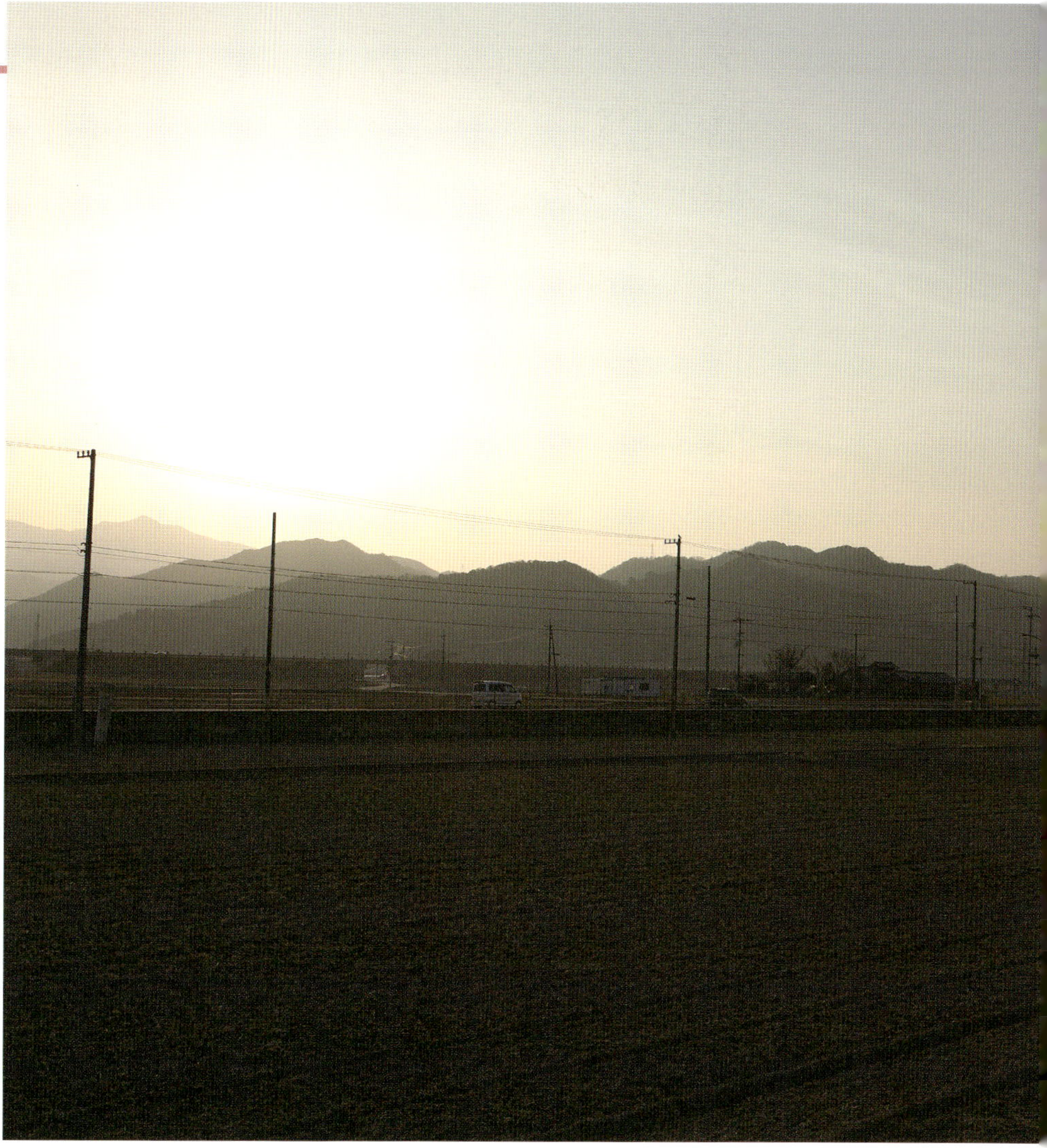

西条市河原津より北西方向。春耕を終えた田圃《たんぼ》、車の行き交う国道196号、高架上を走る今治小松道。
その向こうに、時を経て変わらぬ、世田山、笠松山の山容　　　　(2013年3月23日午後5時40分頃撮影)

律令制下、各国府には政庁である国衙と、国分寺、国分尼寺が置かれた。伊予国府の場所については、今治市古国分、中寺、町谷、上徳、八町など、諸説ある。

今治市国分の59番札所国分寺の東約100メートルには、国分寺の塔跡とみられる礎石が残る。国分寺の南約1300メートルにある今治市立桜井小学校の敷地からは、唐草文軒平瓦などが出土しており、国分尼寺はこの付近にあったものと推定されている。

古代日本において、中央と地方の行政制度が形作られるのは、大化の改新以降のこと。

大宝律令(701年)によって、「国、郡、里」という行政区画と、統治機構が整備されることとなる。これが「律令制」。

日本古代国家の枠組みを規定、その後の国の形の基礎となったこの律令制により、私たちの伊予国は、全国の地方区分である「五畿七道」の内の「南海道」に編入される。

紀伊、淡路と四国の全域がそれに含まれた。

都からは、それぞれの国の国府に向けて、「官道」が延びるのであるが、伊予に向かって延びてきた「道」の名称は、「南海道」。

この道という言葉、地域とともに道路も示していたようで、なにやら、ややこしい。

は、さておき、道の延伸、交通網の拡大は、中央集権化そのものであった。

地方で徴収した租税を都に運び、情報を集中させ、反乱でも起ころうものなら、兵員を送ってその鎮圧に当たった。

もちろん、沿線に暮らす人々の利便性の向上など、地方としての恩恵も少なからず受けたのであろうが——。

平安中期に編まれた事典、『和《わ》名《みょう》類《るい》聚《じゅ》抄《しょう》』によれば、伊予の国府は越智郡に置かれたとされている。現在の今治市であるが、遺構、遺跡の類は見つかっていない。国分寺や国分尼寺が置かれたと推定される位置から、国府が今治平野にあったことは、まず、間違いないのだろうが、その場所については諸説あり、定まっていない。

国府付近を「道中」、それより都に近いところが「道前」、遠いところが「道後」となるのだそうだ。「越の国」の越前、越中、越後、「吉備の国」の備前、備中、備後なども、この区分に沿ったものなのだろう。

さて、この「南海道」。

東海道、東山道、北陸道、山陰道、山陽道、南海道、西海道の七道の中では小路とされたが、それでも道幅は、平野部では6～12メートルもあり、そして直線的であった。

田の畦《あぜ》、川の堤を生活道にしていたであろう、当時の伊予国の人々にとって、この南海道の整備は、さぞかしエポックメーキングな出来事であっただろう。

当時のスケールで30里、約16キロメートルごとに「駅家」と呼ばれる施設が置かれ、それぞれに5頭の馬が配され、次の駅家までの利用に供されていた。現代でいうなら、ピット併設のガソリンスタンドを備えたサービスエリア、というところだろうか。

律令の施行細則である『延喜式《えんぎしき》』に記された伊予国内の駅家は、大岡（四国中央市川之江）、山背（四国中央市新宮）、近井（四国中央市土居）、新居（新居浜市）、周敷（西条市周布）、越智（今治市上徳）の6つで、越智駅が伊予国府の玄関口であった。所在地はいずれも推定である。

伊予国内でのルートは、現在の国道11号と西条市小松町から今治市までは196号がほぼそれに沿うが、現在では、その大部分は、人々の暮らしの中の生活道路として埋もれてしまっているようだ。

南海道における伊予国府から都までの行程は、上りが16日、下りが8日とされた。

この倍半分の差は何なのだろうと考えるのだが、これは、租税たる「租庸調」の内の庸と調にあたる布や米、塩などを都まで運んだ日数なのだろう。帰りは空の荷車を引いて、ということだ。

古来、人々は道を移動、道の上では異質な人やモノ同士が交わり、緊張感を持って共存してきた。この南海道でも、1300年を超えて沿線の人々の物語が刻まれてきたのである。

大明神川

［西条市喜多台］

人のいとなみ、自然のいとなみ交差するところ

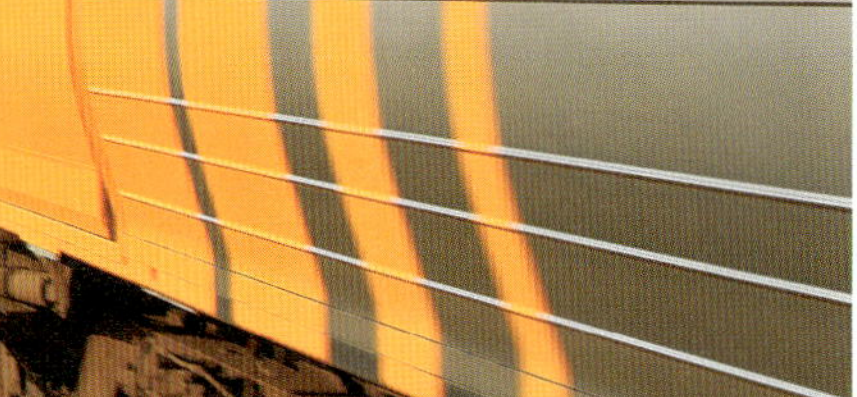

ＪＲ予讃線、「伊予三芳駅」。開業は、大正12（１９２３）年10月１日。駅前に設けられたロータリーが、往時を物語る

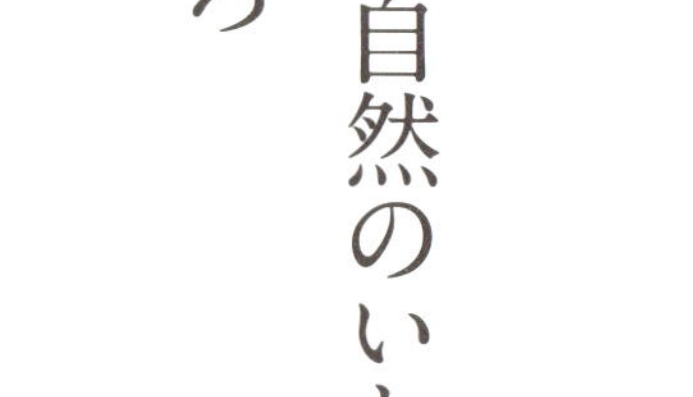

刈り取りを終えた稲田とJR予讃線・壬生川－伊予三芳間を走る特急列車。中央に、大明神川の堤とそれをくぐるトンネル。さらに、その上を跨ぐのは、今治小松自動車道　(2013年9月10日午後4時30分頃撮影)

明治39(1906)年、高松から西に向かった鉄路、現在のＪＲ予讃線は、大正５年(1916)４月に川之江、昭和２(1927)年４月３日には松山に至り、その後も、宇和島鉄道会社、愛媛鉄道会社を買収するなどして延伸、同20年６月20日に宇和島まで全通する。

大明神川トンネル工事が成ったのを記念したものか、壬生川－伊予三芳の区間開業に合わせて、鉄路の線名もそれまでの「讃岐線」から、讃岐と伊予を結ぶ「讃予線」と変更される。「予讃線」となるのは、鉄路が松山に至った２年後、昭和５(1930)年４月１日のこと。

鉄道好き、までの意識はないが、遠出にはJRを利用する。

関西、中部圏はもちろん、東京行でも、時間に余裕があれば、迷わず「しおかぜ」と「のぞみ」の乗り継ぎだ。

瀬戸内海沿岸を撫《な》でるように走るJR予讃線の列車は、普通も特急も、車窓に海と山があって、いい。

松山を出た上り列車は今治を過ぎ、伊予三芳駅を過ぎるとすぐ、トンネルをくぐる。

穀倉、周桑平野の真ん中でトンネルとは――。

全長65メートル余のこのトンネル、「河床下《かしょうか》トンネル」と呼ばれるもので、読んで字の如《ごと》く、川の下をくぐるトンネルである。

川の名は、「大明神川」。なにやら、ご利益のありそうな名だ。

事実、もう少し南、旧丹原町を流れ下る中山川とともに、周桑平野を形成、その肥沃《ひよく》な土壌は、米麦はもちろん、周桑の「冬春きゅうり」やイチゴ、タマネギの栽培など、様々な恵みをこの地にもたらしている。

源流は高縄山系、東三方ケ森の北東。周桑平野を西から東に貫流、燧灘にそそぐ、流路約8・6キロメートル、流域面積約17平方キロメートルの二級河川だ。

国土地理院2万5千分1地形図を見ると、このトンネルの上流、県道159号孫兵衛作壬生川線を少し下った辺りから、川の表示が「破線」になる。

これは、涸《か》れ川を表す記号。降水時には水流が見られるが、他の時期、河水は伏流水となる。水無川だ。

流路、河道は、永禄年間(1558~70)にこの地方を襲った大洪水後の治水工事によって、現在のように定まったと伝わる。河道が定まって以降、大水のたびに土砂が川を流れ下り、川底に堆積した土砂礫《れき》は浚《さら》われ、堤防の上に積み上げられた。この繰り返しによって、川の両岸、さらには河床までが長い年月の間に平地より高くなり、川に沿って建つ家々の屋根より川底が高い天井川が出現した。

日清、日露の戦争後、軍事輸送の重要性や国内産業の振興という観点から、鉄道国有化論が大きくなる。鉄道国有法が公布された明治39(1906)年3月31日以降、主要民営鉄道が国有化されるとともに、国による鉄道建設が推し進められた。現在のJR予讃線は、同年12月、山陽鉄道の高松－琴平間を買収国有化、「讃岐線」としたのに始まり、順次、西へ、愛媛へと延伸を続けた。

トンネルのあるJR予讃線の壬生川－伊予三芳間は、大正10(1921)年9月25日、鉄道敷設工事に着工、同12年10月1日に完了。一駅の区間に2年もの工期を要したのは、このトンネルの掘削、築造が難工事であったことを物語っている。

川を鉄路でどう横切るか。当初、鉄道橋が計画されたが、人が見上げるようなところを流れる天井川を跨《また》ぐ工事となると、費用は膨大、周辺農地の収用も大規模なものになるとして、中止。跨げないなら潜《くぐ》ってしまえとのことで、トンネル、となったようだ。

古来、名うての暴れ川であった大明神川。何とか制御しながらの工事だった。西から東に流れる川を南北に鉄路で横切ろうというのだ。工事は、工区を南と北に分割しての施工となった。一方を水路として残し、半分ずつトンネルを開削する、オープンカット工法が採《と》られた。

現在、この川と鉄路の交差を今治小松自動車道が跨いで走る。平野の真ん中で、3本の線が交わる様は、どこかの国の古代文明、「地上絵」のようだ。

可視的な過去と現在、この地が経てきた時間が折り重なって、そこにある。

孫兵衛作

［今治市孫兵衛作］

村の来し方、人の行く末

国道196号沿い、休暇村瀬戸内東予の入り口に広がる「医王池」。龍や蛇にまつわる伝説の多いところから、「蛇越池」、「蛇池」とも

田起こし、畦付けを終えた孫兵衛作の圃場《ほじょう》。この後水が張られ、代掻《しろか》き、田植えと、村の「米作り」が続いて行く。
中央右手に細埜神社の森　　（2014年5月16日午前11時40分頃撮影）

孫兵衛作地区に暮らす人々の多くが、長野、長井、野間、越智姓を名乗る。

長野は開拓者の一族、長井は孫兵衛の養子が旧姓をつがせたもので長野と同族、野間・越智も、かつて今治市別名から孫兵衛に同行した長野縁者の子孫とされる。

「新開」、「出作」、「今在家」――。

いずれも耳に覚えの地名、近世の新田集落に起源を持つ大字だ。

干潟を埋め立て、荒蕪地《こうぶち》を切り開いて新たに耕地を造成することを、新田開発という。農耕開始とともにたえず続けられている新田開発だが、一般には近世初期の検地で確定された耕地を「本田」といい、その後に開発されたものを「新田」という。地方によっては、開発者の名を添えて、「○○○作」などと称することもある。

今治市の東端、「道の駅今治湯ノ浦温泉」から西条市境までの一帯を、大字「孫兵衛作《まごべえさく》」と呼ぶ。近世初期に開かれた新田集落である。

大字の由来となった人物「長野孫兵衛通永」は、伊予河野氏末期の分限録に見える河野十八将の一人、旧玉川町の幸門《さいかど》城主・正岡右近太夫の旗本衆で、同じく旧玉川町の瀬尾山城主だった長野通秀の三男とされている。

長野一族は天正13(1585)年、羽柴秀吉の四国侵攻、いわゆる「天正の陣」に際し河野側に立って、西条市氷見の野々市原で小早川勢と戦い、敗れて今治市別名で帰農する。後に孫兵衛の長兄・通勝が、東予地方11万石の領主として今治市古国府の国府城に入った福島正則に仕えることとなり、弟の孫兵衛は「手の者十八名」を連れてかつての長沢村に属した猪追山《いおう》(医王山)山麓の開拓を始める。

秀吉の四国侵攻以降、進駐してきた新領主たちは、帰順した有力土豪を使って領地の施政を確保しようとした。孫兵衛も、兄の仕官先である福島から、新田の開拓指揮者に指名されたのだろう。

孫兵衛がまず取り組んだのが水の確保、灌漑《かんがい》用ため池の築造だった。標高30メートルほどの微高地であるここ孫兵衛作での新田開発には、ため池は必須であった。西条市境、サギソウの群生で知られる医王池(蛇越池)が、そのため池だ。

この辺りを歩くと、池から北に向かって耕地がなだらかに傾斜し、その中を水路が縦横に走るのが見て取れる。孫兵衛の設計した水利だろう。

寛永15（１６３８）年に着手された開拓は、承応３（１６５４）年に孫兵衛が没した後も続けられ、寛文２（１６６２）年に終わる。この間に古い開拓村である周桑郡黒谷村（旧東予市）の長井甚之丞から、耕地整備についての指導を受けたとの記録も残る。

孫兵衛の事業は、婿養子として迎えた長井甚之丞の次男・又四郎実能によって引き継がれる。開拓の成った寛文２年に長沢村からの分村独立が認められ、同９（１６６９）年には、松山藩から「孫兵衛作村」の名を許されることとなる。

戦国期末の地方豪族が、帰農後に新田開拓を成功させた「土豪開拓村」の典型で、新田立村の孫兵衛作村の庄屋は、代々「孫兵衛」を名乗った。

開拓途上、慶安元（１６４８）年の『伊予国知行高郷村数帳』に、この地区について「耕地一八町五反三畝、石高六一石一斗一升」とある。その面積は、整備された水田が１８５枚余り。収量は、９２００キログラム、米俵にして１５２、というところだ。

集落の住家は元々、西側の山麓に密集し、耕地を隔てた東側の山の頂に孫兵衛を祭る細埜《ほその》神社を建立、「権現さん」と呼んで崇拝、同族一村の地域社会を形成していた。大正12（１９２３）年12月に旧国鉄讃予線が山麓を通過、伊予桜井まで延伸する際、その一部を残して耕地内に移転分住、現在の集落が形作られる。

地名から知れる土地の歴史、来し方だ。

いまはる

［今治市片原町］

この地海に瀕《ひん》す。
もし漕運の便を開かば
挽回すること難《かた》からじ。

（飯　忠七）

今治港湾ビル前に建つ「飯忠七翁功績之碑」

高縄半島の先端、九州 - 阪神間のほぼ中央に位置する「今治港」。中央奥に、3連吊り橋の来島海峡大橋を望む
(2014年9月7日午後2時頃撮影)

飯忠七が汽船の今治寄港に奔走していた時代から130年。

一般に、海運業が育つには進取の気運と団結心、指導者、造船所、金融機関等が必要とされているが、今治の町はこれらの条件すべてを具備しており、こうした好条件を背景に先進地域であった阪神地区に追いつくべく、飯忠七をはじめとしたこの地の人々の努力が重ねられ、今日の今治がある。

現在も「港の恩人」とたたえられている飯忠七。今治港には、彼の業績を伝える「飯忠七翁功績之碑」が立つ。

今日、海事都市「今治」があるのは、この人物のお陰かもしれない。

飯忠七《いいちゅうしち》。江戸から明治、大正と生きた事業家だ。

天保12(1841)年、今治藩御用商人の家に生まれた忠七は、20代後半で遭遇した明治維新に際し、この町の将来は、海と共にあるべきと考え、それまで携わった染物業を弟に譲り、海運業に進む。

ちょうど、高縄半島の先端部に位置する今治は、我が国における海上輸送の重要ルートである瀬戸内海に面しているという地理的条件や、中世から近世にかけてこの地に勢力を張った村上水軍が、今治沖合の島しょ部を広く支配していたという歴史的条件もあって、早くから海運への取り組みが進んでいた。すでに、藩政期にはこの町を基点とした帆船による大規模な海上輸送が行われていた。

まさしく「海上交通ターミナル」としてこれ以上ない、という立地だった。

忠七は、「押し切り船」と呼ばれる艪《ろ》と帆を備えた和船で白木綿《しろもめん》や貨客を大阪へ運び、販路を開拓するとともに、「文明開化」の思想や品々を今治にもたらしていった。

さらに、人力や風に頼らない「汽船」の今治寄航に奔走する。現在、来島海峡大橋を見上げる今治市大浜の海岸に立ち、汽船が沖合を通るたびに、伝馬船を駆《か》って船に近づき、今治寄航を働きかけたという、エピソードが残る。

明治9(1876)年、忠七の働きにより、今治の沖合に初めて、汽船・近江丸が停泊する。その後忠七は、住友汽船が運航する大阪航路の汽船の今治寄航を取り付け、はしけによる荷役、物資の保管場所としての倉庫業、乗船客のための旅館経営と、事業を大きく展開してゆく。

この町は、少なくとも平安時代には、瀬戸内の海運の拠点として知られていたが、明治における忠七ら海運業を志した人々の働きの成果として、大正期には汽船が接岸できる埠頭《ふとう》を備えた港が築かれることとなる。現在の今治港の形が整うのである。

その今治港が四国初の外国貿易のための港、「開港場」に指定されたのは今から90年前、大正11(1922)年のことだった。以降、内外貿易の拠点としてさらに大きく発展を遂げる。

また、ここ今治は、造船業者が多く集まる地。さらに、戦前からの「船主」も多く存在、太平洋戦争時には船の多くを徴用され、失うこととなるのだが、戦後の朝鮮特需をきっかけに息を吹き返し、その後の日本の高度経済成長に支えられて、現在がある。

海運は、物資の移入・移出にとどまらず、先進の金融システム、宗教、芸術、文化、教育などもこの町にもたらした。京阪神を窓口に中央文化や欧米文化が、今治に音を立てて流れ込んできたのである。日本で初めての「割賦販売」、四国で初めての「税関のある貿易港」、「ガス会社」、「キリスト教会」、「ロータリークラブ」などだ。

今治の市制施行は、大正9(1920)年2月11日のこと。その年の9月には、市議会において、それまで「いまはる」「いまばり」と混在していた市の呼称を「いまばり」と統一する旨の議決がなされている。

私の祖父母の世代は、当地今治をまだ「いまはる」と呼んでいたと記憶する。

海の思想、海の文化を具《そな》えた忠七のような〝いまはる人〟の進取性が具現化したのが、今日の海事都市「今治」、というべきか——。

愛媛船主

［今治市波止浜］

「海事」支え続ける人と町

波止浜塩田築造の際、近江から「八大龍神」を勧請、海面埋め立て工事の無事を祈願した「龍神社」。水に浸かった鳥居は、龍神様が行き来しやすいようにとの配慮から

クレーンが林立、ドック入りの大型船が停泊する波止浜湾の最奥から北方向を望む。沖合中央には、「来島」
（2014年12月9日午後2時50分頃撮影）

船舶の用船には、船体と船員を合わせて貸し付ける場合と、裸船と呼ばれる船体のみを貸し付ける場合がある。愛媛船主の場合、多くは前者とされる。
外国航路を行く「外航船」に対して、主に国内航路に就く船は、「内航船」と呼ぶ。

太平洋、インド洋、大西洋。

外洋、外国航路を行き交う貨物船、コンテナ船、タンカーなどの「外航船」を何隻も保有、海運会社に貸し付けて用船料を得るのが、「船主」と呼ばれる人々。

日本の海運会社が運航する外航船は約2600隻とされるが、そのうち約800隻は、今治市在住の船主たちの所有とされる。マスト、船尾に日の丸を掲げる外航船の3割近くが、今治の船主の所有というのだ。

彼らは、「愛媛船主」、「エヒメオーナー」と呼ばれ、その数は50といわれている。

いずれも、従業員数人の零細企業の形を取るが、世界の海運業界では、ギリシャや香港の海運王たちと肩を並べるほどの知名度を持ち、彼らの保有する船の資産価値は、2兆円ともいわれている。

海事都市今治の〝潜在力〟と言ってもいいだろう。

平安時代には既に、瀬戸内海を行き来する水運の拠点として知られていた今治。

造船業者が集まるところでもあり、その建造隻数は、国内の約2割を占める。

戦前からの船主たちは、太平洋戦争時に船の多くを戦時徴用され失ってしまうのだが、その後の朝鮮戦争特需によって持ち直し、高度経済成長の波に乗って事業を拡大。さらに、この10年ほどの間に、隣国中国が「世界の工場」と呼ばれる国際的な物流の中心となるに至り、海運大手各社の自社所有船だけでは足りなくなったことなどから、愛媛船主は大きく〝船団〟を拡大することとなる。

松山からJRの上り列車に乗車、今治の一つ手前の駅、ここ「波止浜」も愛媛船主ゆかりの町だ。

今治市北部、波止浜湾の西岸に位置する市街地は、来島海峡に面し、北部は同市波方町に接する。地名由来は、天和3(1683)年の波止浜塩田汐止《しおど》め用堤防、「波止《はと》」の建造とされる。近世、野間郡に属し松山藩領であった波止浜は、藩の在町や外港として機能、問屋が並び回船業も盛んであった。

「造船長屋」と称され、造船所が何社も立ち並ぶ波止浜湾には、来島海峡の急潮を航行する船が、潮待ち、風待ちで数多く立ち寄り、その間に船体の修理を行ったことから、船舶修繕を中心に今治の造船業が発展したといわれている。

本格的な造船業の始まりは、明治35(1902)年設立の「波止浜船渠《せんきょ》」から。太平洋戦争中から戦後にかけて次々と設立された造船所は、木造船から鋼船の建造へと切り替えて発展していった。造船所には、建造用とは別に修理用のドックが用意され、定期検査、中間検査など、ドック入りの時期を迎えた船舶を受け入れる。

昭和34(1959)年、波止浜塩田が廃止された後、跡地の利用が進められ、塩田北部、西部、南部は埋め立てられて、宅地造成。新興住宅地が形成された。

道路網も整備され、龍神社南一帯の塩田跡地には公共施設や金融機関、商店や事業所が立ち並ぶ。これらの中には、湾西岸の町並みから移転してきたものも多い。

塩田の中部は、自動車教習所やゴルフ練習場となった。その南、中堀の辺りを歩くと、土塀を突き、門を構えた〝お屋敷〟が目に付く。「海事代理」や「海上保険」の看板を掲げた事務所兼用住宅も見かける。

愛媛船主に関わりの家々なのだろうか。

ここ波止浜は、昔も今も、愛媛の、日本の海事を支える町。

古来、この町に伝えられた海運や造船に関わる知識、技術さらに文化は、歴史遺産と呼んでもいいのでは、と思う――。

神の居ます島

［今治市大三島町宮浦］

何百年変わらず流れる島の時間

今治市別宮町の「別宮大山祇神社」。和銅５（７１２）年、大三島の大山祇神社から、三島地御前として現在地に社殿造営、勧請されたもの

大山祇神社境内。クスノキの古木が樹叢《じゅそう》を成し、原生林の名残を留める
（2015年6月12日午後0時35分頃撮影）

「伊予国一宮」「日本総鎮守」ともされる大山祇神社。
宮浦港からすぐ参道となり、町並みは門前町の形態を留め、正面の鳥居から境域となる。神社の創祀《そうし》は定かではないが、『三島宮御鎮座本縁』の「小千玉澄により大宝元(701)年、邊磯之濱に遷された」「木枝に鏡を掛けて祭らしむ」という記述は、大三島宮浦榊《さか》山の現在地に社殿が造営されたことを伝えるものとされている。

瀬戸内海の中央部、今治沖、北方15キロメートルに浮かぶ大三島。

この島の大山祇神社に祭られるのは「大山積(オオヤマツミ)神」。

『釈日本紀』は、大三島と大山祇神社について「御嶋《みしま》。坐す神の御名は大山積の神、一名は和多志(ワタシ)の大神なり。是の神は仁徳天皇の御世に顕れましき」と記す。

全国1万社余りに祭られる大山積の神は、山神社、山神神社、大山祇神社、三島神社などとして、山を司り、山を守護する神として、鉱山業はじめ林業・採石業・トンネル工事・ダム工事など山と関わる人々から、特別な信仰を受ける。また、和多志の大神ともされるこの神は、渡航・海上守護神としても信仰され、中世の伊予河野氏を中心に、瀬戸内の海に依った人々の厚い信仰を集めた。

群島や諸島の中心となる島、多くは郡役所や役場などが置かれた島を、「大島」と呼ぶことがある。伊豆大島、奄美大島しかり、山口県の屋代島が周防大島と呼ばれるのもそうである。芸予諸島の中心となるこの大三島も、古来の「御嶋」が、大御島、大三島と呼ばれるようになったもの。

ここに祭られる神様は、元々、山の神様である。神名の「ツ」は格助詞の「の」、「ミ」は神霊を表し、「オオヤマツミ」で「大いなる山の神」となる。別名の和多志大神の「ワタ」は海の古語で、海の神、ワタツミを表す。山、海の両方を司る神様なのだが、大山祇神社が大三島に在ることもあって、海神としての性格が強くなっているようだ。

また、山の神であるオオヤマツミは、山から下りてきて、人々に恵みをもたらすともされることから、里山農業では田の神ともされている。

この神社で催される御田植え祭（旧暦5月5日）と抜穂祭（旧暦9月9日）では、本殿から境内の斎田祭場にある御桟敷殿まで神輿《みこし》3基が渡御、島内の13集落から選ばれた16人の早乙女らによって田植えが行われ、秋には彼女らによって刈り取られた初穂が神輿に供えられる。

この春秋の祭典では、目には見えない「稲の精霊」と力士「一力山」が相撲を取り、年々の豊凶を占う「一人角力《ひとりずもう》」が行われる。元は1番勝負であったのが、明治以降3番勝負に変わった。1番目は押し出しで精霊の勝ち、2番目は一力山の勝ち、3番目は双方力の限りを尽くしての取り組みとなるが、最後は一力山が土俵の外に投げ出されて精霊に軍配が上がる。これをもって、春には豊作が約束され、秋にはその収穫に感謝するのである。

「すもう」は一般には「相撲」の字を当てるが、ここでは、相撲を含めた広義の力くらべである「角力」の字を用い、神前に奉納される一般の相撲とは似て非なるもの、神様との力くらべを表すとされる。

昭和の終わり、一時途切れたこともあったが、鎌倉時代以来の伝統神事である。

世知辛く、日々どころではなく、時々刻々様変わることが常の世の中にあって、この島の人々は、何百年もの間、変わることなく神様と相撲を取り続けているのだ。

私たちが、時に山や海を見たいと思うのは、不動なもの、変わらぬものに接して安心を得たいからだろう。

自然だけではなく、人事においてもこの一人角力のような不動の事象が継続していることは、山や海と同様、人々がこの世に移ろわぬものがあるのだという安堵《あんど》感を、年ごとに確かめている証しだ。この世の重石《おもし》、船に例えるなら底荷というところだろう。

様式の新奇さだけを追うことが、何になるのだろう――。

神の居ますこの島では、今年も力士が神様と相撲を取り、変わらぬ島の時間が流れてゆく。

怪島

［今治市大西町別府］

あやかしの島、夢のあとさき

大西町宮脇の「妙見山古墳」。後円部の墳丘越しに斎灘を望む。中央に怪島

今治市菊間町、佐方漁港から望む「怪島」。夕景の向こうにかすんで大崎下島、豊島など、芸予諸島の島々
（2015年7月31日午後6時50分頃撮影）

高縄半島の西北部、斎灘に面した大西町の誕生は、昭和30(1955)年。「大井村」と「小西村」の合併による。

古代、怒《ぬ》麻《ま》と呼ばれたこの地は、藩政期には松山藩に属し、現在、JR大西駅が置かれる新町地区には代官所や藩の年貢蔵が置かれ、野間郡の中心として栄えた。

平成17(2005)年1月、今治市と越智郡11町村の広域合併により、町の歴史は閉じられるが、「今治市大西町」として、その呼称は残る。

国道196号を松山から今治方面に走ると、旧菊間町、太陽石油の製油所を過ぎ、佐方の漁港に差し掛かる辺りから、左手に頂上部が平《なる》の、形のよい小島が目に入ってくる。

旧大西町別府《べふ》、諏訪ノ鼻の沖合約1・7キロメートルの斎灘に浮かぶこの島の名は、「怪《け》島」。

怪しい島とは、これはなんともだが、この怪しいは、「不思議」「神秘的」という意味だろう。また、海上に現れる妖怪のこと、転じて海賊衆を「あやかし」と呼ぶことがあるが、これにも通じるのか――。

この大西町、別府から東へ一山越えた星浦地区には、鎌倉から南北朝の頃にこの辺りに落ちてきた隕石《いんせき》を祭ったとされる、その名も「星神社」なるお社が鎮座。町のほぼ中央、宮脇地区には、全長55メートルを超える国指定史跡の前方後円墳、「妙見山古墳」。古墳の石槨《せっかく》には、怪島から切り出された石材が使われているそうだ。その側には、後醍醐天皇の皇子・尊真親王の陵墓参考地と、この町には、古くからの伝承、物語が溢《あふ》れている。

町の北端、旧波方町境の「九王」なる大字も、気になるところだ。

さて、怪島のこと。

標高、約42メートル。面積は、約2300平方メートル。水田2枚と少しほどの広さである。小島だ。

中世、戦国の頃には、今治市波止浜沖の来島城に本拠を置いた来島村上氏の支城の一つだった。

天正13(1585)年、羽柴秀吉の四国侵攻に際し、城代・神野左馬允は、秀吉方の小早川隆景が軍を進めて来ると、城を開いて退去。その後、城は廃城となった。伊予河野氏末期の分限録によれば、城に詰めていたのは、侍が5人、足軽が20人の計25人だったそうだ。

島への渡船はない。渡るには、別府辺りで漁船を頼まなければならない。

島の周辺には岩礁が多く、潮流も速いことから、スズキやタイの好漁場として知られる。

数年前、北条の港から知人の釣り船に便乗、訪ねたことがある。

南に少しばかりの浜辺が開けるのみで、その他は切り立った崖が島を取り巻き、いかにも天然の要塞然とした島だった。

多くの郭《くるわ》や堀切、井戸の跡、さらにピットと呼ばれる桟橋施設の柱を立てた穴が岩礁に残る様は、まさしく、海賊、水軍の城だ。「連廓式水軍城」と呼ぶらしい。

当時の記憶を手繰ってみると、藪《やぶ》、ブッシュをかき分けての島行だった。

今治市宮窪町の能島城跡のようなメジャーどころの水軍城と違って、廃城以降、人の手が入っていない。

町の教育委員会が何度か調査を行ったようだが、400年を超えて「無人島」だ。

氏を村上から来島と改め、秀吉による四国侵攻の一翼を担った来島村上氏は、その後、惣領の来島通総《みちふさ》が、旧北条市沖に浮かぶ鹿島城主として風早郡に1万4千石を与えられ、大名となった。

その後の来島氏は、秀吉が引き起こした朝鮮半島での文禄・慶長の役に参陣、関ヶ原の戦いでは西軍側に立つ。

古来、海に拠った来島氏だったが、江戸期には豊後玖珠に転封となり、彼の地で森藩を成し、山の大名として、幕末までその命脈をつなぐこととなる。

幸か不幸か、観光資源としての活用も試みられず、歴史に打ち捨てられた島は、あやかしの跋扈《ばっこ》した時代から、年月を経て、天然自然に無化しつつある。

瓦の町

［今治市菊間町浜］

伊予の菊間は煙の港 焼いて積み出す瓦船

菊間町浜の町並。繁栄の名残、入母屋箕甲《みのこ》屋根の商家が軒を連ねる

遍照院裏手の大師山から北を望む。手前に菊間市街、菊間港、中央奥には太陽石油の製油所。沖合には、左から、大崎下島、岡村島、その向こうに大崎上島など、かつて、菊間港を出た尾道航路の船が向かった芸予諸島の島々が浮かぶ　（2014年２月９日午前11時50分頃撮影）

菊間の瓦産業は、屋根そのものを葺く「地瓦」より、軒瓦や棟瓦など、単価の高い「役瓦」の製造にウエートが置かれていた。住宅の洋風化や切妻造りの屋根が増え、入母屋造りのような役瓦の多い家の屋根施工が減った現在、大きな転機を迎えている。

学生時代を京都で過ごした父方の祖父。

大正の頃、鉄道が松山まで延伸する前の話である。

京都までの行程は、海路、松山・三津浜から尾道へ渡り、山陽本線の上り列車に乗り継いで、というものだったそうだ。

『石崎汽船史 海に生きる』（石崎汽船株式会社、平成7年）によれば、「1903(明治36)年8月、東京・大阪への鉄道連絡便として、三津浜と尾道の間に定期航路を開く」とある。投入されたのは、「第三相生丸」と「第六相生丸」。

祖父が乗ったのは、この2隻の相生丸であろう。

三津浜を出た船は、高浜、北条、菊間、大崎下島の御手洗、大崎上島の木江やメバル崎、大三島の宮浦、山陽筋の竹原、忠海と寄港し、尾道に至った。尾道航路である。当時〝ドル箱〟の航路だったようだ。

以下、記憶の彼方ではあるが、祖父から聞いた話。

高浜、北条と立ち寄った船は、現在の国道196号に沿うように斎灘《いつきなだ》を北上、しばらく進むと右手に幾筋もの黒煙を背景にした港が見えてくる。菊間港だ。

立ち寄る港それぞれ、賑《にぎ》やかなものだったそうだが、なかでも、この港の賑わいは忘れられないと語っていた。

「きくま」という地名の由来は、木の生い茂った入江という意味の「木隈」、古代、この地にゆかりの「菊麻理姫」の名からなど諸説あるが、確かなものはない。

ここ菊間は、昔も今も「瓦の町」。煙は、「だるま」と呼ばれた瓦を焼成する窯から立ち上っていたもの。燃料は、マツ材だった。

菊間瓦の起源は、鎌倉時代の弘安年間(1278～87)まで遡《さかのぼ》るとされる。藩政期には、松山藩の保護振興策を受け、その品質は向上、瓦産業は大きく発展した。

明治10年代後半、皇居造営に際して、三州瓦(愛知県)、泉州瓦(大阪府)とともに御用瓦に採用され、22万枚の瓦を納めて、その名は全国に広まる。

祖父が目にした菊間の港は、数え切れないほどの瓦船が、海岸沿いの瓦工場の岸壁や波止に群がり、忙《せわ》しなく行き交う仲仕や物売りたちの喧騒《けんそう》と嬌声《きょうせい》に満ちたものだったようだ。

瓦船は、菊間瓦を積み出した船のこと。帆船から機帆船に代わり、昭和40年頃からはトラック輸送に転換され、現在、この港に瓦船の姿はない。

明治・大正の頃、菊間の瓦工場は、「西海岸」から「岩童子」に至る海岸線に集中していた。

国道196号を松山から今治方面へ走っていると、菊間の市街地に入る手前、大きな右カーブの辺りが岩童子、右手の山が松笠山、この山を越えたところが西海岸である。

この一帯、明治末の県道(現国道196号)新設、大正末の鉄道開通に伴い、海岸が埋め立てられ、当時の地勢は残らないが、松笠山近くの「ハトジョウ」という俗称地名は、「波止庄」の音が残ったもので、現在の菊間港築港前の港があった場所と推定されている。

祖父の乗った船が立ち寄った菊間港は、現在の菊間港よりも少し西、松山寄りに位置したようだ。

港から瓦船が消え、だるま窯もガス窯に変わり、黒煙も姿を消してしまった。

何より、舗装・拡幅された国道196号、電化されたJR予讃線、港から少し北には、タンカーが横付けする石油精製工場など、この町の海岸線は、大きく変貌を遂げている。

存命なら、110歳をとうに超える祖父。平成の世の〝港町菊間〟の姿をどう見ているだろうか——。

鎌大師

［松山市下難波］

坂を越え 繰り返される 人々の往来

遍路を迎え、地区の交流拠点ともなる鎌大師堂。堂宇の維持管理はもちろん、堂守の生計も、十分ではないが地元住民が担う

旧北条市下難波の農村風景。右手に腰折山、穂首を伸ばしつつある水稲の向こうでは、ミカン畑への灌水《かんすい》作業が続く。二手に分かれる道を手前に取ると、鎌大師を経て、鴻之坂越え
（2013年8月12日午後6時20分頃撮影）

両側に山の迫る鴻之坂越えには、左に右に小川が寄り添い、日本の古い道の趣を残す。ここには、近世以前の古道と明治45(1912)年開通の旧県道とが通るが、昭和28(1953)年、海岸沿いの波妻の鼻、観光客で賑《にぎ》わう道の駅をかすめる道路が国道196号の指定を受けて後は、この坂を歩く人を見かけることはまれとなった。

昭和30年代の話だ。

門付けに訪れた遍路の鉄鉢《てっぱつ》に、櫃《ひつ》から掬《すく》った米を施すのは、子どもたちの役目だった。

記憶の古層に埋もれかけた話だが、伏し目で経を唱える彼らの表情は、よく憶《おぼ》えている。年に何度か見かける顔もあった。

松山から北に向かう今治街道が旧北条市街を抜け、立岩川を渡り、腰折山の西麓、鴻之坂《こうのさか》を越えようとする辺り。大字下難波、元風早郡難波村と呼ばれたところ。

この坂の取り付きに「鎌大師」という仏堂が建つ。四国八十八カ所の札所ではないが、菊間の遍照院とともに、今治方面へ歩く遍路たちが立ち寄り、旅の安全、無事の結願《けちがん》を祈る。堂守の人柄だろう、境内はいつも掃き清められ、小ざっぱりとした気持ちの良いお堂だ。

四国巡錫《じゅんしゃく》中の弘法大師空海が、疫病に苦しむこの村の人々に、自ら鎌で刻んだ自身の像を授け、祈らせたところ、たちどころに病が癒えたことから、村人はお堂を建て、この像を祀《まつ》り、鎌大師と呼ぶようになった、と伝わる。

貞享4(1687)年、四国遍路の祖とされる僧・真念が著した『四國邊路道指南《しこくへんろみちしるべ》』に「かうの坂、ふもとに大師堂」との記述が見えることから、300年余り前には、この地に仏堂が存在していたことが窺《うかが》える。

この鴻之坂越え、そうきつい上りが続くわけではないが、追剝《おいはぎ》と、四国には珍しい人を化かすキツネが出没する〝難所〟であった。

確かに、木々が生い茂り、夏でもヒヤリと冷気に包まれる。

地区の古老によれば、その昔、家々のニワトリを狙うキツネは、害獣、駆除の対象だったが、この村の人々は、そうはしなかった。共存とはいかないが、追いかけてまで駆除しようとはしなかったそうだ。

今でも夜な夜な、キツネが人家の庭先を走り抜け、飼い犬のえさがさらわれることがあるそうだが、これは、ご愛嬌。

さて、大師堂「鎌大師」である。

地面に杖《つえ》を突き立てたら、清水が湧き出したとか、突き立てた杖が椿の大木になったとか、空海の神秘譚《たん》は枚挙にいとまがない。なかでも「杖」に関わる話はよくあるが、「鎌」はどうだろう、聞かない。

縁起や由来で語られる話には、同工異曲のものがすこぶる多い。人間の想像力の所産である以上、同じような時代状況からは、同じような話が生まれてくるものであるが、この鎌大師に纏《まつ》わる話は異彩を放つ。

農漁村の風習の一つに、「風切り鎌」というものがある。吹き荒れる強風を鎮めるため、悪風の吹いて来る方角に向かって、さおの先に括《くく》りつけた鎌をかざすのである。

ここは「風早」と呼ばれた地、何か関連があるのだろうか。

寛政7(1795)年1月13日、俳人・小林一茶が松山の栗田樗堂を訪ねて鴻之坂を下って来る。

江戸時代のこと、「俳諧師と遍路、入るべからず」をうたう村々にあって、この村はどうだろう。一茶を引きとめ、宿と酒食を供し、誰声をかけるともなく近隣の俳諧好みたちが集まり、彼に教えを請うのである。一方では、この地で行旅《こうりょ》に倒れ、果てた遍路たちを懇ろに弔い、一堂を建立、堂守を迎えて遍路旅の安寧を祈らせたというのだ。

「人気」と書いて「じんき」と読む。その地方の気風を表す言葉だ。

さしずめ、この村は人気の良い村であったのだろう。美風というべきか——。

オオカミ様

［松山市東大栗町］

遠吠えが響いた丘

木漏れ日の中にたたずむ狛犬一対。右に阿《あ》形、左に吽《うん》形

参道奥に天満神社、右手に木野山神社の社殿。眼下に堀江の町並みが広がり、中央右手に太山寺の経ケ森、その向こうには興居島の小富士を望む。左手奥には、北吉田の忽那山、伊予灘まで見晴るかす
（2013年12月15日午前10時20分頃撮影）

ニホンオオカミは、明治38(1905)年に当時の奈良県東吉野村鷲家口《わしかぐち》で捕獲された若いオスの個体を最後に目撃例がなく、絶滅したと考えられている。
ニホンオオカミの頭骨は、愛媛県総合科学博物館保存の標本など日本国内にも多く残るが、剥製標本は極めて少なく、国内では、国立科学博物館、東京大学農学部、和歌山大学保存の3体しか確認されていない。国外では、シーボルトが持ち帰ったという剥製1体が、オランダのライデン国立自然史博物館に、また、鷲家口で捕獲された個体の毛皮と骨格は、ロンドンの大英博物館に保存されている。

松山市街地から国道196号を北へ。鴨川、平田と過ぎ、堀江小学校を右に見てすぐの交差点を右折、県道204号長井方堀江線を道なりに山手へ、東大栗集会所を右折した先の堀江の町を見下ろす丘、同じ境内地に二つの神社の社殿が建つ。天満神社と木野山神社だ。

地元・東大栗町の産土神《うぶすな》（鎮守神）として祭られる天満神社の創建は、建徳元（1370）年。この地を治めていた河野通定が、九州大宰府から天神（火雷天神）を勧請、社殿を造り、水田5反を寄進したと伝わる。

一方の木野山神社。この丘の北麓に建つ医座寺の奥の院として、江戸期以前に創建されたと伝えられ、現在地へは、明治37（1904）年に移ったとされる。

祭神のうち、高龗神《たかおかみ》・闇龗神《くらおかみ》はともに水をつかさどる龍神だが、その神姿はオオカミであり、高い神徳があるとされた。

神社は、「オオカミ様の木野山神社」と呼ばれ、毎月6日、16日、26日の祭日には、多くの参拝者で賑《にぎ》わう。

さて、その「オオカミ様」。

かつて日本全国に生息、今日ではすでに絶滅したとされるニホンオオカミは、山間地の人々から「山の神」の化身とされ、信仰の対象であった。

オオカミは、農作物に被害を与えるイノシシやシカ、サルなどを追い払い、火災や盗賊にいち早く反応、騒ぎ立てることで、危険を人々に知らせたといわれる。

また地方の旧家では、災難、悪魔除けの神として、オオカミの頭骨を神棚に祭る風習があり、村で病人が出ると、その頭骨を病人の枕もとに置いて「病よ出て行け、出て行かないとオオカミが噛《か》み殺すぞ」と、唱えれば回復すると信じられていた。

山で暮らす人々にとって、オオカミは、何かにつけ危難を救ってくれる存在であった。

オオカミ信仰は、各地域そこに暮らす人々等身大の、自然との関わりの中にあったようだ。

オオカミは、表情や仕草、吠《ほ》え声などで群れの内外とコミュニケーションを図る。

表情や仕草は群れでの順位確認、遠吠えは群れの仲間との連絡や狩りの前触れ、縄張りの主張などを目的とし、それぞれ吠え方が異なるといわれる。何頭かで合唱のように遠吠えすることもあるそうだ。

ニホンオオカミ絶滅の原因は定かではないが、害獣として駆除されたこと、開発による食料資源の減少や生息地の分断、また、明治以降の西洋犬導入に伴い流行した、狂犬病やジステンバーといった家畜伝染病など、複数の要因が重なったものと考えられている。

近年、自宅近くの道路で、車にはねられたのであろう動物の死骸をよく見かけるようになった。それも、犬や猫ではない、タヌキやイタチなど、山に暮らす動物たちである。

動物たちは、いつものように巣穴から餌場、餌場から巣穴へと自分たちの〝道〟を歩いていて、命を落としたのだ。

また、近隣の田畑では、イノシシが掘り起こし、のたうち回ったのであろう痕跡を、珍しくもなく見かけるようになった。

動物たちは今、山と人里の境界を見失い、行き場をなくしてしまっているようだ。

オオカミの絶滅と、家の近所のタヌキやイタチ、イノシシを結びつけるのは乱暴だが、要は、かつてオオカミが山の神として牽引した生態系が、崩れてしまっているということ。

ここ東大栗は、高縄山系の支脈、尾根が南西方向に延び切ったところ。少し下れば、堀江の町、山と人里がせめぎ合う場所だ。

かつては、この丘から、オオカミの遠吠えが人里に響いた日もあったのだろう——。

お大師さん

［松山市和気町］

同行二人　海も渡った遍路旅

かつて、広島の呉と結んだフェリーが発着した堀江港桟橋。沖合、左手には興居島

春、快晴、「わけのえんみょうさん」と親しまれる第53番圓明寺。正面に遍路たちを迎える仁王門。中央奥に、「中門」、「本堂」　　(2015年３月13日午前11時30分頃撮影)

松山市北部に位置する堀江港。昭和21(1946)年5月1日に旧国鉄の仁方(広島県呉市)－堀江航路が、本州と四国を結ぶ宇野－高松航路の補完航路として開設され、貨客輸送に大きく貢献したが、昭和57(1982)年6月30日に廃止。その後、呉市の阿賀と堀江間で運航を続けた呉・松山フェリーも平成21(2009)年6月30日で航路廃止となった。

「大師」、という言葉がある。

元は、中国の皇帝が高僧の死後に贈った称号で、これに倣った日本でも、天皇が名だたる高僧たちに贈った。

天台宗の開祖・最澄を「伝教大師」。真言宗の開祖・空海は、「弘法大師」といった。天台には6人、真言には7人の大師がいるが、真言・高野山で単に大師といえば、空海ただひとりを指す。四国でいう「お大師さん」だ。

その弘法大師が弘仁6(815)年に開いたとされる「四国八十八カ所霊場」は、平成26(2014)年、1200年の歴史を重ねることとなった。

そんなこともあってかどうか、通勤途中、車が行き交う道路沿いを無心に歩く「お遍路さん」をよく見かけるようになった。

亡くなった人の追善供養、願掛け、自分探しと、その目的は様々なようだが、約1400キロメートルという行程を辿《たど》る旅は、結構な〝苦行〟だ。

「お大師さん」として、時代も宗派も超えて人々に慕われる弘法大師空海。遍路たちは、「同行二人」と墨書された菅笠《すげがさ》を被り、弘法大師とともに四国を経巡《へめぐ》るのである。

発心の阿波、修行の土佐と歩き、菩提《ぼだい》の伊予に入って、松山市内の最後に53番圓明寺《えんみょう》を打った遍路たちは、今治市阿方の54番延命寺《えんめい》を目指す。

この間「九里八丁」、約37キロメートル。長丁場である。1日で歩き通すのは、なかなか堪《こた》える距離だ。

「わけのえんみょうさん」と親しまれる圓明寺の塀の外、南西角に大きな道標が建つ。

明治16(1883)年のもので、次の札所「あがた延命寺」を指すほか、「左宮嶋道　是ヨリ船場へ五町　問屋関家好直」と、安芸の宮島（広島県廿日市市宮島町の厳島神社）へ渡る船乗り場と船問屋を案内している。

昔は、圓明寺を打った後に宮島へ向かう遍路も多くいたようで、藩政期、この辺りでの出船・入船は現在の堀江港、「堀江浦」と定められていたのだが、５町、約５５０メートルという距離表示から考えると、この船場は「和気浜」、現在の松山港和気地区を指すようだ。明治になって和気浜からの出船も可能となったのだろう。

堀江は藩政期、松山藩領内十三浦の一つとされ、本州方面への船の発着場所として賑《にぎ》わっていた。

圓明寺の後、宮島の厳島神社へ詣でた遍路たちは、再び四国へ戻り、旧菊間町の佐方、旧大西町の大井新町などに上陸して54番延命寺へと向かった。

四国八十八カ所を２７９回巡ったという中務茂兵衛が編んだ『四国霊場略縁起　道中記大成』(明治16年)には、「是《これ》より安芸の宮嶋参詣の人は、五十二番五十三番札おさめ、それより十八丁行、堀江町に宮嶋行の早舟あり。上り所大井の町にて約束すべし」と記されており、明治の初め頃まで、宮島行きは圓明寺から約2キロメートル先の堀江からの早舟が便利であったようだ。

遍路たちは、和気の圓明寺から阿方の延命寺の間、九里八丁の長丁場を様々に辿っている。厳島詣でを組み込んだもの、斎灘沿岸の、柳原、北条、菊間に寄港した船便を利用したもの、また、昭和２(１９２７)年、旧国鉄「讃予線」が松山まで延伸されると、圓明寺近くの伊予和気駅から汽車に乗り、遍照院のある菊間駅あるいは延命寺手前の大井駅（現大西駅）まで鉄道を利用したもの。文字通り、様々だった。

こう考えると、四国遍路も苦行のみではなく、少しくらいの楽しみはあったのかとも思えてくる。

さて、現代。

お大師さんとの遍路旅、道に迷わず、けがなどせずに、どうぞ無事に結願を——。

梅津寺

［松山市梅津寺町］

思い出の場所
感懐は時空を超えて

水上飛行機の格納庫が置かれた入り江、日向泊

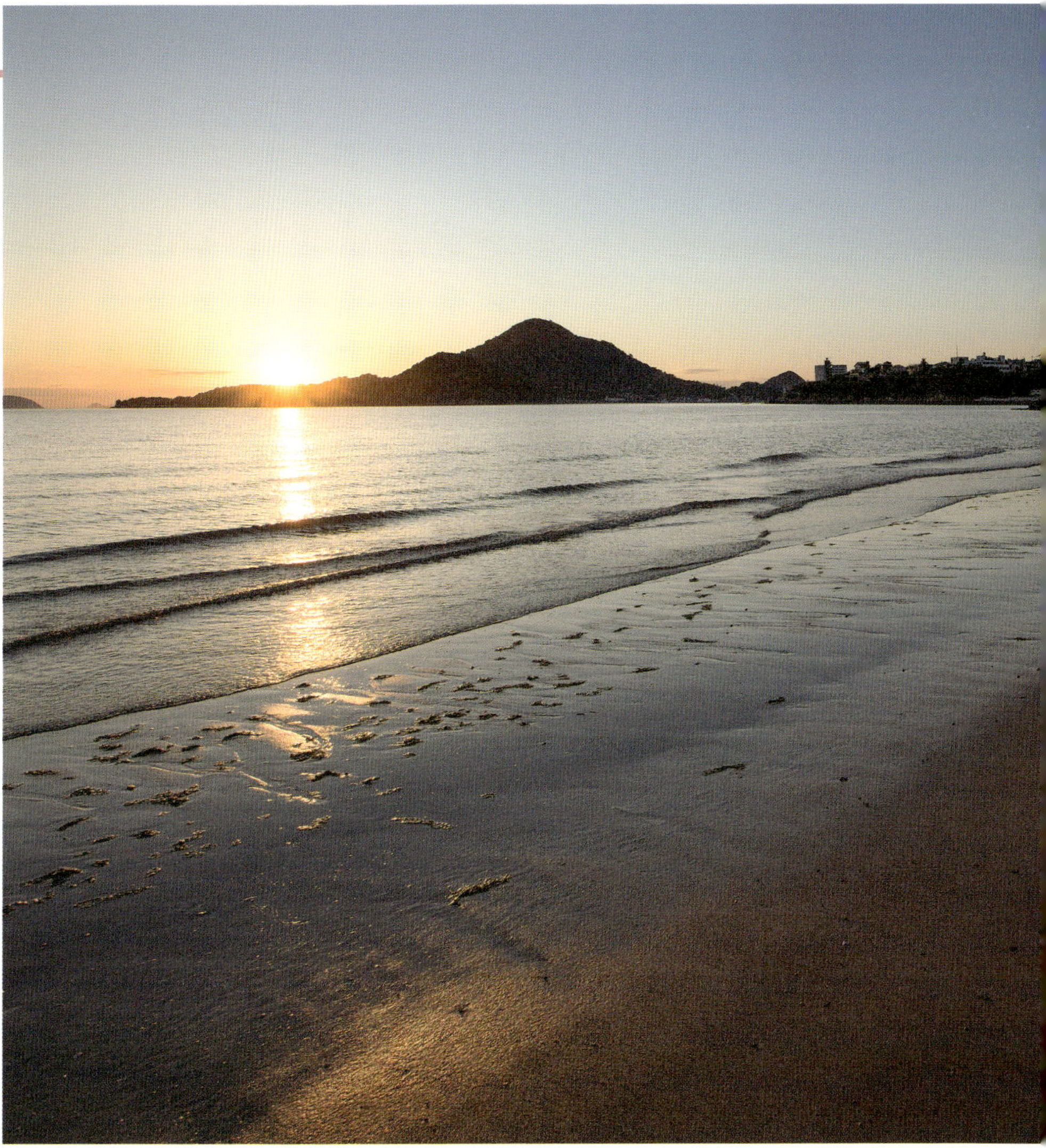

かつて、水上飛行機の離着水と水泳学校の子どもたちを見守った梅津寺海岸。四十島瀬戸の向こうに、夕景の興居島・小冨士　（2014年9月13日午後6時10分頃撮影）

昭和10(1935)年11月オープンの「梅津寺パーク」は、家族連れ立っての“お出かけ”や、地域や学校の遠足などに重宝され、身近な遊園地として親しまれたが、入場者数の減少、施設の老朽化など相まって、平成21(2009)年3月で閉園。併せて、海水浴場や健康ランド、料亭などの周辺施設も閉鎖となった。

平成22(2010)年5月、愛媛FCのクラブハウスと練習場が松山市井門町から遊園地の跡地に移転、「愛フィールド梅津寺」と命名されたサッカー専用の施設となった。

松山市西部、伊予鉄道高浜線の梅津寺駅。電車を降り、海水浴場として賑《にぎ》わった海岸を後に、護岸沿い、遊園地跡に整備された愛媛FCの練習用グラウンドから黒岩寄りに回り込んだ日向泊と呼ばれる入り江には、かつて、松山と堺を結ぶ定期航空路を飛んだ「水上飛行機」の格納庫があった。

運航したのは、大阪・堺に本社を置いた「日本航空輸送研究所」。

「研究所」とはなにやら大そうだが、その実は、大正時代に設立された民間航空会社だ。今でこそだが、高松から延びてきた鉄路の先端、国鉄松山駅が昭和2(1927)年4月にやっと開業ということの時代に、空を飛ぶなど、庶民には思いも寄らぬことであった。研究所の看板は、先進性、安全性をアピールするものだったのだろう。

大正11(1922)年設立の研究所は、滑走路、飛行場の要らない水上飛行機を飛ばして、瀬戸内に航空路を開拓。当初、堺‐徳島間で新聞や写真乾板、手荷物の輸送を担ったが、同14(1925)年5月、堺‐高松‐今治で定期航空を開始。積荷は郵便物だった。

世界的にみても、定期航空の先駆けは郵便輸送であった。昭和2(1927)年、「翼よ、あれがパリの灯だ」と、大西洋単独無着陸飛行に成功したリンドバーグ(1902〜74)も、アメリカの国内郵便飛行で経験を積んだ後の挑戦だったそうだ。

昭和4(1929)年3月、松山にも拠点が置かれ、堺‐高松‐松山を結ぶ定期航空便となった。松山の発着場は当初、温泉郡三津浜町広町、現在の三津浜商店街を抜けた恵比寿神社近くの海岸だったが、同年8月、ここ梅津寺に事務所、格納庫が完成、移転した。

昭和6(1931)年、初めての旅客便、客席数4のフロートが二つ着いた複葉の水上飛行機が、堺-松山間に就航した。

その名は「愛國号」。座席は、軽い籐仕様のものだった。

当時、松山から大阪へは、国鉄の列車利用で丸一日、瀬戸内海航路・大阪商船の汽船利用では、船中一泊を要していたものが、機中3時間という行程であった。

旅客運賃は20円、日曜を除き毎日1往復だった。一般的なサラリーマンの初任給が、30円という時代の20円だ。結構な値段である。

利用客は限られていたが、好評だったようだ。

また、ここ梅津寺に海水浴場がオープンしたのは明治32(1899)年のこと。夏場、遠浅の海岸に集まった海水浴客も、この水上飛行機の離着水を興味深く見物したことだろう。

戦後、この海岸では、小・中学校の夏休みに合わせて毎年、「愛媛水泳学校」と銘打ったスイミングスクールが開かれていた。愛媛新聞社と松山市教育委員会が主催、対象は中学生と3年生以上の小学生だった。

昭和24(1949)年7月に第1回がスタート。以後、昭和63(1988)年、昭和最後の夏まで毎年開かれ、開催は40回を数えた。その間、送り出した卒業生数は、5万5千。

校長は、第2回以降、オリンピック水泳の200メートル平泳ぎで、戦前のアムステルダム、ロサンゼルス大会を連覇した鶴田義行氏が務めた。

松山の子どもたちは、オリンピック金メダリストの指導を受けようと、「命札《いのちふだ》」を首からぶら下げ、この海岸に通った。

平成と改元されてはや30年になろうとする。

水上飛行機が離着水した海は、子どもたちの歓声とともに昭和の時代を終え、夕景の彼方、思い出の場所となった。

九川村

［松山市九川］

谷間の村に流れる、山の時間

北条市立河野小学校九川分校跡。昭和50（1975）年、松山市立日浦小学校に統合

新緑に沈む九川集落。山の端を映す水田に夕暮れ方の日が注ぐ（2013年５月13日午後４時50分頃撮影）

藩政期から明治には「九川村」。明治22(1889)年、町村制施行により旧風早郡内の別府村、宮内村など13カ村と合併、風早郡河野村となる。明治30(1897)年、風早郡が温泉郡に編入。昭和30(1955)年、温泉郡北条町。昭和33(1958)年、北条町の市制施行により北条市。平成17(2005)年1月1日、北条市が中島町とともに松山市へ編入され、松山市九川となる。

明治初めに編まれた『風早郡地誌』には、九川村の戸数は35、人口は177とある。平成27年８月１日現在、世帯数は12、人口は18(男性・8、女性・10)。

松山から、国道317号を今治方面へ。石手川ダムを右に見て、日浦地区を抜けると、10分ほどで「左　高縄山、九川《くがわ》」という案内標識に出合う。ここは「九川口」。

案内に沿って、進路を左に取り、車が離合できるかどうかという山道を5分ほど上がると、谷間に民家や棚田が寄り添う山村風景が広がる。「松山市九川」だ。

国道から分岐、九川へと向かう山道は、「愛媛県道178号湯山高縄北条線」。九川からは、高縄山の山頂手前、石ケ峠まで上り、松山市北部の河野地区へと山を下って行く。

この集落、旧北条市の行政区の一つだった。まだ、国道317号が整備されていなかった時代。選挙や税の申告、国保保険証の更新など、行政事務の処理には、市の職員が高縄の山を越え、泊りがけで出向いて来ていた。選挙の際、この地区の投票時間は数時間繰り上げられて、締め切り。鍵のかけられた投票箱は、職員が単車の荷台にくくり付け、山を越えて市役所近くの開票所まで運んだそうだ。

松山市街地の北東約15キロメートル、標高986メートルの高縄山。かつて、この山の山懐には、九川のような小集落が多く点在していた。これら集落の成立については、伊予河野氏の城《じょう》砦《さい》と関連、その麓に形成された「豪族屋敷村」とか、同氏滅亡に際してその残党が落ちのびて開いた「隠田百姓村」などの説がある。

山の東斜面に唯一開けた九川集落は、後者。『北條市誌』(昭和56年)には、「高縄山に構えていた城から逃れた7人の侍が開いた村と伝わる」とある。

集落の生業は、谷底に石を積んだ狭小な水田での耕作、山腹斜面や尾根沿い緩斜面での畑作、さらには林業であった。

谷底の水田は十分な日照を得られず、また、山の湧き水を利用した灌漑《かんがい》用水は低温で、その生産性は低く、人々は、主に林業によって生計を立てた。

戦後の復興期から経済成長期、昭和20年代後半から30年代のこと。全国で木材需要が増加、建築材としてのスギの伐《き》り出しで、集落は大きく潤った。杉皮やカヤで葺《ふ》かれていた家屋の屋根が瓦葺に変わったのは、この頃のことだそうだ。

木材を外国産材に多く頼れなかった時代であり、木材価格は高騰した。伐採は、木材の搬出に不便なことから手付かずとなっていた奥地の天然林へと進み、山は荒れた。

旧北条市側から望む高縄の山肌には、いかにも、天然林伐採後の人工林化に失敗したのであろうというササ原が、見て取れる。

木材価格の高騰は、高い輸送費をかけても外国産木材の輸入が引き合う状況を生んだ。昭和39(1964)年の木材輸入完全自由化以降、米材、ソ連材、南洋材(ラワン材)が国内に氾濫する。

スギの場合、苗を植えて、成木に育つまで60から80年。ビニールハウスを仕立てての促成など効かない。真夏の下草刈りにツル払い、秋冬の枝打ち、そして間伐を繰り返してと、毎年毎年手を入れ続けての60から80年だ。

人の一生に重なるほどの時間である。国を挙げて、スピードを求めた時代には、敬遠されたのだろう。いきおい、手に入りやすく、安価で、品質もそこそこの外国産材が重宝され、国産材は木材市場から駆逐されてしまった。

現在の状況である。

九川集落を取り囲む森林は、素人目にもよく手入れされているのが分かる。

得意の時も失意の時も、九川の人々は、山と向き合い、山に拠《よ》って暮らしを続けて来た。

山の時間軸は、現代社会のそれとは少し違っていて、いい。

岩堰

［松山市石手］

町の発展を準備した場所

石手地区の町並みに溶け込んで流れる〝水路〟

秋日和の「岩堰」。通称「あかばし」の架かる石手川の流れに沿って、足立重信のノミ跡が見て取れる
（2014年10月8日午前11時40分頃撮影）

現在の、ひめぎんホールの一帯が、愛媛県農事試験場の農場であったこと、もう少し時代をさかのぼった明治の頃、現在の松山東警察署の辺りに愛媛県農業学校（愛媛大学農学部の源流）が置かれたことなどを考え合わせると、足立重信の工事は、現在の松山の発展に遠くつながるものと考えられる。

高縄山系から流れ下ってきた石手川は、松山市の東部で扇状地を形成する。

扇の要部分に位置するのが、「岩堰《いわぜき》」だ。奇岩深淵の景観誕生は、400年ほど前の慶長年間、加藤嘉明の松山開町の頃。

主導したのは、「足立重信」。

松山平野の南部を流れる「重信川」に、その名を残す人物だ。

彼は岩を削《はつ》り、当時、松山の中心部を西に流れていた石手川の流路を西南方向に変え、延長8キロにおよぶ水路を切り開き、現在、坊っちゃんスタジアムや愛媛県武道館などの施設が集中する辺りで重信川と合流させる。

難工事だった。

赤いつり橋が架かる辺りの一際大きな岩に「千貫岩」の名が残るが、これは、岩を削るのに永楽銭一千貫もの巨費を投じたとの言い伝えから。

重信による堅固な築堤と巧みな水制工事によって、川の流れは治められた。併せて、旧流域のすべてに埋め立て工事が施され、松山の町は広大な田圃《たんぼ》を新たに確保する。

その規模は、3千町歩、10万石とされる。

この川、重信が岩を削る前には、「宝川」とも「湯山川《ゆのやま》」とも呼ばれており、石手川の名は、改修工事が成ってからのこと。

さて、話はもう一つ。

平成14年秋、この年1月に休業となっていた道後湯之町に建つホテル「白山荘」が取り壊された。跡地には現在、10を超える階数の集合住宅が建つ。

当時、工事現場のフェンス越しにのぞいた跡地には、石組みの水路が2本走っていた。

1本は、岩堰で石手川から分流、石手寺の門前から県道六軒家石手線に沿って西に流れるもの。もう1本は、伊佐爾波神社の丘から下ってきて、先の水路に合流するもの。

この2本の水路が交わる辺りには、以前、水車が架けられていたそうだ。

現在の水路は、コンクリートの三方張。一部は暗渠《あんきょ》になっているものの、水量は多い。年間を通して、流れが枯れることはなく、県道を行き交う車が途切れると、サラサラという水の流れる音が、耳に響く。

水路は、道後地区を抜け、松山城山の北を回り込んで南西に流路を変え、JR予讃線と交わる辺りで、松山の中心市街地、城山の南を西に流れてきた中ノ川と合流、伊予灘に注ぐ。

複雑な流れをするが、要は「農業用水路」である。城北地区の田圃を潤し、藩政時代からこちら、松山の経済を支えた流れであった。

松山市の西部、斎院《さや》地区を歩くと、長屋門を構えた大きな農家を何軒も目にする。

治水と新田開発、豊かな農耕地。これは、重信の遺産であろう。

そして、400年後の現代である。

重信の治水事業の成果としての「新田」であったが、現代においては、その多くが宅地に転用され、田圃を潤した「水」も行き場を失い、台風などで大雨となると市街地に溢《あふ》れ、人々の暮らしを脅かす存在となることも。

偉人と称えられる足立重信だが、自然に手を加えるその手法は、現代においては、少し立ち止まって検証されても、と思う。

山を削り、川を付け替え、海面を埋め立てて、かつて、この国が熱を上げた、国土の改造を思い起こさせる。

もっとも、ノミを振るって岩を削った重信の時代と、重機や発破で自然に相対する現代のそれを同じレベルで考えるのは、重信に申し訳ない気もするが――。

道後湯之町

［松山市道後湯之町］

記紀神話と共同浴場

伊佐爾波神社楼門前から見下ろす道後湯之町。参道を下りきったところに道後温泉駅。その向こうに松山市街

松山市桜谷町、道後山山腹に建つ伊佐爾波《いさにわ》神社。中世、伊予河野氏がこの地に「温泉館《ゆのたち》」と呼ばれる施設を置いて道後温泉の経営に当たった　（2014年３月12日午前10時10分頃撮影）

道後温泉は、古代においては伊予国司、中世には伊予河野氏が経営に当たり、藩政期に入ると、松山藩・久松松平家の支配となるが、江戸中期には温泉の鍵を預かっていた石手寺末の明王院が、直接その経営に当たることとなる。

明治維新後、温泉と元湯の湧出口および温泉施設一帯の権利は国の所有となり、その経営は、明王院から道後地区有志６名によって結成された「源泉社」に移る。

明治22(1889)年の町村制施行に伴い、源泉社は解散。以降、温泉の経営は旧道後湯之町に移り、道後温泉は道後湯之町「町営」の共同浴場となる。

道後の町の話――。

日本全国、温泉地は数多く存在するが、この道後は、有馬、白浜などと並ぶ、神話の時代から続く古湯。

温泉地に存在する、地元の人々が管理する温泉を利用した浴場を「共同浴場」と呼ぶ。

施設の管理は、地元の管理組合で行っているものが中心であるが、規模の大きな共同浴場では、自治体が管理を行ったり、専任の管理組合を設立するなどしている。

道後温泉の場合、「本館」、「椿の湯」とも、松山市営の共同浴場である。

道後温泉本館を取り囲むように、温泉旅館、土産物店などが軒を並べる一帯を、「松山市道後湯之町」と呼ぶ。この町名が付いたのは昭和39(1964)年7月のこと。それまでは、「松山市大字道後」であった。

明治22(1889)年の町村制施行時には、「温泉郡道後湯之町」。

高濱虚子の『松山道後案内』(明治37年)には、「道後湯之町は温泉を囲んで居る町で、戸数四百余、人口千六百余、皆温泉によって生活して居るものである。多くは旅人宿で、中には又湯に因《ちな》める物産を商ふて居るものもある」と記され、今と変わらぬ賑《にぎ》わいがあったことがうかがえる。

この、温泉を囲んだ町が松山市の一部となったのは、昭和19(1944)年のこと。戦時合併によってであった。

旧道後湯之町の人々にとっては、不本意な合併であった。

道後温泉を中心に、行財政ともに、独立した自治体として十分成り立っていたものを、戦争遂行の名の下に、有無を言わさず隣りの松山市に合併させられ、虎の子の道後温泉を〝取り上げられ〟てしまったのである。

このようなケースは、全国に多くあったようで、戦後、昭和23(1948)年8月1日施行の改正地方自治法附則第2条で、原状回復というのだろうか、〝救済〟手続きが示された。

内容は、この法律の施行から2年以内に限り、関係住民の直接請求による住民投票、その後の都道府県議会での議決を経て、分離、旧市町村へ復帰できるとするものだった。

旧道後湯之町でも、松山市からの分離運動が起こり、住民投票では、分離派が多数を占めたものの、県議会で否決となり、温泉郡道後湯之町に復することは叶わなかった。

そして昭和39年、町名のみではあるが元に戻るのである。

また、昭和30年代、道後地区では、家々に道後温泉の〝無料入浴定期券〟なるものが配られていたと聞く。内風呂のある家でも、日暮れて、家族そろって温泉に浸かりに出かけていたそうだ。

推測だが、松山市からの分離が叶わなかった地区住民への申し訳、という意味合いもあったのだろう。

この町は、分離運動が沙汰やみとなった後も、旅館協同組合などが中心となって、松山市とは一線を画し、道後は道後という動きを続けている。

道後温泉は、地区住民が日常の湯をつかう共同浴場でありながら、外来の客を迎える観光資源としても存在する。

この特異なスタンス、町の歴史が、道後を温泉地ありきたりのイメージから解放しているようで、好ましい。

この町は、「松山」、「マツヤマ」の枠には収まりきらないのだろう。

お日切さん

［松山市湊町］

先祖を敬い、子どもたちを慈しむ

地蔵たちが並ぶお日切さん、善勝寺境内

お日切さんの門前、松山市駅前広場で開催の日切地蔵まつり恒例「のど自慢大会」。近郷近在から多くの人々を集める
（2014年8月24日午後6時50分頃撮影）

江戸から明治の時代、ここ市駅前辺りは「外側《とがわ》」と呼ばれた松山のはずれ。様子を変えたのは明治21（1888）年、伊予鉄道会社の松山駅ができてから。坊っちゃんも乗った、松山と三津を結んだ日本初の軽便鉄道の駅だった。以降、商家も増え、今日の賑《にぎ》わいへと発展していく。

自宅に盆棚を設《しつら》え、先祖の精霊を迎えてもてなす「お盆」。寺院に出向き無縁仏への施しを行う「お施餓鬼」。一連のいわゆる盆行事の最後に迎えるのは「地蔵盆」だろう。

関西では、一般的な行事で、主役は子どもたちだ。

町内の辻に祭られた地蔵菩薩の前にゴザを敷き、ブルーシートで即席の日除け屋根を架け、子どもたちは地蔵菩薩に参った後、供物のお菓子をいただいたり、ゲームに興じたりと、思い思いの時間を過ごすのである。

地蔵菩薩は子どもの守り神。親より先に亡くなった逆縁の子どもたちが、賽《さい》の河原で苦しんでいるのを救うと考えられている。

子どもたちの夏休みももう数日となった8月23、24日、松山市中心部で開催されたこの地蔵盆にちなんだ祭り会場を訪ねた。

伊予鉄道松山市駅の正面に位置し、お日切さんの名で親しまれる「善勝寺」（松山市湊町五丁目）の縁日、「日切地蔵まつり」だ。

門前の通り、広場には多くの屋台や露店が並び、賑やかに参拝者を迎える。

松山地方の子どもたちにとっては、旧暦正月8日の「椿まつり」に負けず劣らずの一大イベントだ。

善勝寺の本尊は、平安時代の僧・恵心僧都（源信）の作と伝わる地蔵菩薩像。

戦国末期、恵心僧都の流れをくむ僧・知善得業が四国を巡った際、守り本尊としてこの像を旅に同道。ここ松山で急な病に倒れて死線をさまようも、病は奇跡的に回復、得業は深い縁を感じ、当時は何も無い草原だったこの地に感謝の気持ちを込めて庵《いおり》を建立、山号寺号を「独立山善勝寺」と定め、本尊として、恵心僧都由来の地蔵菩薩像を納めたと伝わる。

元禄年間（1688～1704）、松山地方で疫病が流行した際には、多くの人々が「善勝寺のお地蔵様に日を切って願をかけると必ず平癒する」とお参りに訪れたことから、「日切地蔵」「お日切さん」と呼ばれるようになった。

少しスタイルは変わるが、西宇和郡伊方町の三机地区では、毎年8月16日、地区内の家々が、大切に守り、世話を続けている辻や山野の「お地蔵様」を一カ所に集め、供養するそうだ。地区総出で、身を拭い、赤い前掛けを新調、供物を奉げ、念仏を唱える。

以前は、毎年8月24日に行われていたが、お盆に帰省した人々がお参りしやすいようにと、現在の日程になったとのこと。

これも地蔵盆。

地蔵盆で子どもたちが楽しみにしている福引は、「ふごおろし」とも呼ばれる形式で行われていた。子どもたちは、福引担当の家とその向かいの家の間に渡したロープに吊るされた景品を紐《ひも》で手繰り寄せ、大人に下ろしてもらう。「ふごおろし」、「福下ろし」である。最近では、住宅事情もあってか、こういった光景は見られなくなった。

夏のお日切さん、秋の地方祭、冬の椿さん、春節句の貝掘りなど、この辺りの子どもたちは、意識するとしないとに関わらず、これら年中行事を生活の一部として積み重ね、大人になっていった。

大人たちも、自身の経験を慈しみを込めて子どもたちに伝えた。

そこには、「ヒト」が「人間」となる経験論が存在していた。

夏の終わり、人いきれのお日切さんで思ったのは、「一切の観念は、感覚的経験から生ずる」とした先人の言葉だった。

葉佐池古墳

［松山市北梅本町］

千数百年　変わらぬ人の心映え

葉佐池古墳公園全景。左奥のガイダンス棟では、パネル・映像で発掘調査の様子を伝える。公開は土、日、祝日

葉佐池古墳墳丘部。左は名称由来となった灌漑用ため池の「葉佐池」、その奥には雪を頂く「石鎚山」
（2015年1月18日午後3時15分頃撮影）

古墳公園は現在、地元有志による「葉佐池くらぶ」メンバーが維持管理を担う。
公園の北には桃畑が広がり、イザナギが、黄泉の国から追ってきた醜女《しこめ》たちを追い払おうと桃の実を投げ付けたという、『古事記』のくだりを想起させる。

ここ数年のことだが、「直葬」という葬送方が広がっているらしい。

亡くなった人を24時間、どこかに寝かせておいて、そのまま火葬場に送るというのだ。この間、葬儀に関わることは一切行われない。

行き倒れ、縁者がなく行旅《こうりょ》死亡人とされた人でも、僧侶が経を唱え、引導を授け、役所の担当者が手を合わせて見送るのだが――。この直葬、果たして「葬」と呼べるのだろうか。

日本では、墓地、埋葬等に関する法律の規定で、「埋葬又は火葬は、他の法令に別段の定めがあるものを除く外、死亡又は死産後24時間を経過した後でなければ、これを行ってはならない――」とされている。無機質な法律の文言だが、この24時間を、死を確認、家族・親族・縁者が、死を受け入れる時間と捉えれば、理に適《かな》い、かつ血の通ったもの、と読める。

さて、この直葬の利点は何か。意味のない葬式をしなくてよい、経費が安く済む、時間が節約できる、といったところだろうか。

だが、これではあまりに亡くなった人の尊厳を傷つけはしないか。

経費や時間の節減、大いに結構。葬式仏教がいやなら、僧侶を呼ぶ必要などない。

ただ、である。

この世に生を受け、「死」という大変な経験をして人生を終えた人に対しては、頭を下げ、敬意を表して、30分でも1時間でもその人の死を悼む時間があってもいいだろう。いきなり火葬場はいけない、と思うのだが。

松山市東部、北梅本町の「葉佐池《はざいけ》古墳」。約20年にわたる発掘調査を経て、平成23（２０１１）年、国史跡に指定。同26（２０１４）年7月には、「古墳公園」として一般開放となった。

古墳時代後期の6~7世紀、死亡時期の異なる3人の遺体が納められた墳丘最上部の1号石室は、未盗掘のまま発見された。現在、石室内には、3人が埋葬されていた発見当時の様子が再現されている。向かって左から、むき出しの状態だが、整然とその遺骨を積まれた人、木棺に納まり石枕に頭を乗せた人、白布で包《くる》まれ板に寝かされた人。いずれも、丁寧に、労《いたわ》るように葬られ、安らかな死後の眠りに就いたであろうことが想像される。

古来、葬送法にはいくつかの〝形式〟があった。遺体を野辺に晒《さら》し、別所に拝み墓を建てる、「捨て墓、参り墓」というもの。一基の埋葬施設に、一族が葬られてゆく、いわゆる「○○家代の墓」というもの。これは、現代にも通じるもので、葉佐池はこの形を採った。

また、左から2人目、3人目の体の上には小型の刃物「刀子《とうす》」が添えられているが、これは、邪気を祓《はら》う守り刀なのだろう。

さらに、この葉佐池では、現代の「通夜」の原形、「モガリ」と呼ばれる葬送儀礼が行われていたことも、確認されている。

遺骨に付着していたハエのサナギの抜け殻から、被葬者が死後しばらくの間、腐敗が始まってなお、そのままの状態で寝かせられていたことが裏付けられたのだ。

『古事記』や『日本書紀』に記される、「黄泉《よみ》の国で、イザナギが目にした妻イザナミの遺体の様子」は、まさしくこれだろう。

このモガリ期間について、詳しい記述はないが、同時代の『随書』はその様子を、「死者の親類縁者が、遺体の周りで酒を飲み、食事をし、踊った」、「家族は、死者の装束を誂《あつら》えた」というように記しており、おおよそ私たちの先祖も、家族・親族らが現代の通夜のように集まり、死者を悼んだのだろう。

時を超え、近しい人を亡くした彼らの思いが今に伝わるようだ。

森松

［松山市森松町］

町の消長　変わらぬ人の流れ

伊予鉄バス森松営業所の停車場。鉄道駅のホームを想起させる

伊予鉄バス森松営業所前交差点。人、バイク、車が、忙《せわ》しなく行き交う。奥には重信橋
（2013年２月20日午前７時50分頃撮影）

松山と高知を結んだ土佐街道は、大正9(1920)年4月、県道松山－高知線となり、伊予鉄道の列車と県道が並走、森松は、松山平野南の玄関口を形成した。県道は、昭和20(1945)年1月、国道23号となり、戦後の同27(1952)年12月には、新道路法に基づく路線指定で、「国道33号」となる。
伊予鉄バスに並行して走るJR四国の路線バスは、松山と砥部、久万、高知県境の落出までを結ぶ。

「渡津集落《としん》」という言葉がある。概念、と呼んだほうがいいだろうか。要は、川や湖沼の渡し場として発達した集落のことだ。

街道に渡し場が設けられると、そこを中心に宿屋・茶店・人足小屋や渡しに従事する人々の住居などが集まり、集落を形成した。

静岡県は旧東海道大井川の渡し、五十三次23番目の宿、左岸の「島田」と、同じく24番目の右岸「金谷」、などがよく知られる。

歌川広重の浮世絵に、旅人が川人足の助けを借りて、輦台《れんだい》や肩車で大井川を渡る様子が描かれている。あれだ。

ここ森松も、松山と高知を結んだ土佐街道が重信川を跨《また》ぐ渡河点に形成された渡津集落だった。

道路の両側に、民家や商店が並ぶ街村として集落が発展するのは、明治19(1886)年、丸亀－高知－松山を結ぶ「四国新道」の整備が始まって以降のこと。比較的、新しい。

さらに、明治29(1896)年5月、伊予鉄道森松線の終点となってからは、飲食店、日用雑貨店、馬車宿などが、駅から現在の重信橋北詰の間に軒を並べ、近郷近在からの買い物客などを集め、旧浮穴村、松山平野南部の中心として賑《にぎ》わう。

久万山で伐《き》りだされた木材が、対岸、現在の砥部町高尾田まで荷馬車で運ばれ、川を渡り、ここ森松で伊予鉄道の列車に積み替えられ、三津浜から、国内市場へと移出されていった。森松地区を歩くと、「製材」「銘木」などと看板を上げた事業所が目に付くのは、今に続く久万山との繋《つな》がりだろう。

その後の明治38(1905)年、高尾田と結ぶ重信橋が架けられることとなるが、それまで、街道を行き来する人々は、着物の裾をからげ、覚束《おぼつか》ない足取りでこの川を渡っていた。

増水した川では、流れに足を取られ、溺死者も出たとの記録が残る。

藩政期から明治の初め、森松は、まさしく渡津集落だった。

しかし、橋が架かると、町はその機能を失い、性格を変えることとなるのであるが、そこに「森松線」の開通である。

町は、列車のターミナルとして生まれ変わり、以前同様、近郷近在の人々を引きつけるのである。


渡津集落から街村、ターミナルへ。

森松は、その機能、形を消長させながら発展してきた町であった。

森松線は、昭和40(1965)年12月に廃止。その軌道跡は、国道33号・旧土佐街道の拡幅に利用されることとなる。

当時、今から思うとどこか別の国のように、道路事情は悪かった。

昭和30年代末から40年代、モータリゼーションがこの国を席巻。当地、愛媛でも明治のままの道路に、車があふれた。

車が巻き上げてゆく砂塵は、通り両側の家々の屋根や軒に積もり、沿道ことごとく、泥を被ったような有様だった。

森松線廃止の翌年、昭和41(1966)年11月、森松駅跡地に伊予鉄道のバスターミナルが完成する。建設に当たっては、出札窓口が設けられるなど、その設計は鉄道時代を意識したもののようだった。

待合室で見上げた時刻表には、砥部町大南、坂本小学校前、上林皿ケ嶺登山口などの停車場名が並び、このターミナルが、重信川を渡った砥部や久万山と松山との結節点であることが読み取れる。

やはり、この町の本質は、重信川を控えた「渡津集落」なのだろう。

除ケの堰堤

［東温市山之内］

山里に溶け込み、無化を続けた80年

東温市横河原に祭られる水天宮の社殿。東温高校美術部員制作、干支の大絵馬が懸かる

台風が去った翌日の除ケの堰堤。石積みの堤を越えた水が叩《たた》きに落ち、水煙を上げる。中央奥にはヨソ山
（2014年7月12日午前8時10分頃撮影）

東温市横河原から重信川に沿って上流に辿《たど》る道が、西条市丹原町へと続く県道152号寺尾重信線。遠い昔の讃岐街道に当たる。「桜三里」と通称される中山越、現在の国道11号が、江戸時代に開かれるまで、松山から小松、西条、川之江方面への移動には、もっぱらこの道が使われ、松山平野の玄関口を成していた。道沿いには、中世、この辺りを治めていた和田氏やそれに与《くみ》した渡部氏らの城砦《じょうさい》跡が残る。

「よけのえんてい」と読む。

東温市、旧重信町山之内に、重信川流域での洪水や土砂災害の予防を目的として築かれた「砂防ダム」である。築かれたのは、昭和7(1932)年から同10(1935)年にかけてのこと。その工期は、901日間だった。

上流側に砂礫《されき》を堆積させることで、河川勾配を緩やかにして下流域を土砂災害から守ること、流出土砂量の調整、堆積土砂による地すべり対策、河川の下方浸蝕《しんしょく》力を弱めること、などを目的とした施設、構造物だ。

重信川は、東温市付近を扇頂として広大な扇状地「松山平野」を形成する。かつて、伊予川と呼ばれたこの川は、河川延長が短く、川床勾配のきつい急流河川で、古くから氾濫を繰り返していた暴れ川だった。急傾斜地のそれも崩壊性地質の山地に源流をもつため、河床に砂礫がたまりやすく、天井川であったともされる。

堰堤本体は、瀬戸内海の島石を1万7000個余り使った伝統的な石積工法で、歴史的な土木構造物としての評価は高い。築造から80年を経た現在においても、方形の花崗《かこう》岩で積まれた石積は見た目美しく、なお土砂流出防止の機能も果たし続けている。

その形態は、「直線型重力式石積堰堤2段」というもので、上流側の主堰堤が長さ115メートル、高さ12メートル、下流側副堰堤が長さ92メートル、高さ7メートルという規模。2段構えで、重信川上流域での「砂防」に当たっている。

耳に馴染《なじ》みのない直線型重力式石積堰堤という言葉、「直線」も分かる、「石積」も分かるのだが、「重力式」とはさて、一体何のことか――。

それは、堰堤本体の自重のみで水圧を支える、というものだそうだ。この堰堤は、瀬戸内の石の重量でもって、砂防の務めを果たしているのだ。対して、水圧を堰堤の両側や底の岩盤部分に分散させて支えるものを、その形状から「アーチ式」と呼ぶ。

堰堤の築造に動員されたのは、延べ15万人ということだから、1日160人余が、来る日も来る日もこの花崗岩を積んだ、いわゆる人海、人を投入しての前近代的な土木工事であった。

その造形美はそれとして、80年前、多くの人々の手で築かれた堰堤が、今もって地域の風景に溶け込みながら、その機能を果たし続けていることには感嘆する。

重信川は、流域各所に瀬切れを起こした涸れ川の体で、特に中流域、下流域では伏流水の川として市街地を流れるのだが、この堰堤上流では趣を異にする。

この辺りまで遡《さかのぼ》ると〝清流〟、大雨の後には〝急流〟〝激流〟といった表情を見せることがある。

堰堤から少し下った横河原、旧重信・川内間に架かる横河原橋の西詰に建つ「水天宮」。由緒では、江戸時代の初め、重信川の名称由来となった足立重信が、この川の改修工事に臨む際、九州・久留米から水難を除くとされる水天宮を勧《かん》請《じょう》、祭祀《さいし》したのがこの社の始めとされている。

また、社殿のすぐ東側、県道152号を挟んで重信川の河原を見下ろすところには、国土交通省の四国山地砂防事務所重信川砂防出張所が庁舎を構える。

この平成の時代に、水難除けの神様と、水害対策・土砂災害対策を担う役所が、並んでそこにあるという〝妙〟。

何かしら、自然に相対した人間の人間らしさを、思わずにはいられない——。

菅生の岩屋

［久万高原町七鳥］

天を突く岩峰 一遍の息遣いをとどめる場所

岩屋寺本堂と、それに覆いかぶさる屏風状の金剛界峰。奥には梯子を上る仙人堂の穴窟

県道12号西条久万線、直瀬川越しに望む「菅生の岩屋」。幾つもの礫岩峰が群立するこの山懐に、一遍が参籠した岩屋寺が建つ　(2013年10月12日午前9時5分撮影)

岩屋寺の建つ岩屋山と、県道12号を久万町方面に少し戻った古岩屋周辺に見られる岩峰は、久万層群二名層の礫岩が侵食され形成されたもの。

礫岩峰には、逼割《せりわり》・独立岩峰・屏風尾根・絶壁・穴窟など、独特の景観が見られる。

逼割は、礫岩層の中を走る亀裂にそって侵食された、幅1〜3メートル程の垂直方向に走る溝。

穴窟は、礫岩層の中の巨礫や、岩層の一部が欠落して形成された凹地で、岩屋寺境内の仙人堂や奥の院にその形状が確認される。

物語や説話、伝記、社寺の縁起などを詞書《ことばがき》と絵で展開、巻物仕立てで保存、鑑賞した「絵巻（絵巻物）」。

『源氏物語絵巻』、『信貴山縁起《しぎさんえんぎ》』、『伴大納言絵詞《ばんだいなごんえことば》』、『鳥獣人物戯画《ちょうじゅうじんぶつぎが》』など、平安から室町にかけて数多く制作され、多くは大和絵の画風に拠《よ》っている。

国宝や重文の指定を受け、美術品、鑑賞用としては優れているのだろうが、描かれた土地を実際に訪ねようとしても、それに堪え得るような絵巻は、少ない。

そんな中にあって、時宗の開祖・一遍の生涯が描かれた『一遍聖絵《ひじりえ》』は、出色ものだ。

昭和53（1978）年、当時の中央公論社発行の『日本絵巻大成〈別巻〉一遍上人絵伝』で、その全体像に触れることができる。

一遍の近くにいた親族であり、弟子でもあった聖戒《しょうかい》が、一遍の死から10年の後、正安元（1299）年に制作したものだ。詞書を聖戒、絵を画僧の法眼《ほうげん》円伊が描き、外題《げだい》は世尊寺経尹《つねただ》が書いている。

一遍が生まれ、絵巻の制作にあたった聖戒も生まれた伊予国の場面は、リアルなもので、一見して、力を込めて描かれたのが分かる。

とりわけ、巻二の冒頭に据えられている、文永10（1273）年に一遍が伊予の菅生《すごう》の岩屋に参籠した話は、作者の聖戒自身が一遍に付き従い、修行の助けを行っていたこともあってか、それは詳細に描かれている。

現在の、久万高原町大字七鳥、四国霊場45番札所「岩屋寺」周辺の様子だ。

まず目に付くのは、「奇岩怪岩の連峰」とある岩峰の不動堂での一遍と聖戒の姿である。

そこから梯子《はしご》を上ってゆくと、仙人堂があり、ここが修行の場となっていたのが分かる。3人の僧俗がこの梯子を上ってゆく様子が描かれ、懸崖造りの仙人堂には仏具が置かれている。

また、そこから少し引いて三つの屹立《きつりつ》した岩峰が描かれ、それぞれ頂には祠《ほこら》が設《しつら》えられている。そのうちの一つには、梯子を上ってゆく僧の姿があり、その麓では、男女の参詣人が手を合わせ、拝んでいる。次の峰の祠の前では、白衣の参詣人が参拝しており、残る一つの峰には人の姿は見えない。

平成の現在だが、ここを訪ねると、聖絵と同じ光景を目にすることが出来る。

岩屋寺が建つ山内には高さ数十メートルの礫《れき》岩《がん》峰が群立、本堂には金剛界峰の大岩峰が覆いかぶさる。白山社など、諸社を頂に祭る岩峰には、多数の穴窟《けつくつ》があり、はるかに高くそこに祭られた仏像や塔婆を拝する景観は、まさに聖絵に描かれたままの姿である。梯子をよじ上る仙人堂も、そこにある。

こうして見てみると、中世、一遍が生きた時代から700年を経て、彼が目にしたと同じ光景がそこにあるというのは、なんとも、不思議なような、ありがたいような、絵の中、岩峰麓の男女ではないが、思わず手を合わせたくなる。

古来、人々は、この岩峰の特異な景観に魅了され、神秘的なものを感じていたようだ。

一遍や空海も、そうだったのだろう。

私たちに彼らに並ぶ霊力が具《そな》わっているなど、恐れ多い話だが——。

神も仏も意識されていなかった時代、人々は自然を崇《あが》め、畏れた。

その対象は、大きな岩であったり、巨木であったり、さらには太陽であったりと、様々だ。キリスト教やイスラム教、仏教やヒンズー教のような括《くく》りに納まらないそれは、自然宗教とも原始宗教とも呼ばれる。

この岩峰には、その祖形を見ることが出来る。

木地師

［久万高原町笹方］

かつてここにあった山の暮らし

杉木立の切り通しを縫う黒森街道、国道494号

小春日の面河ダム湖。湖を跨ぐ四季彩橋から北方向、笠方集落を望む
（2014年11月15日午前11時50分頃撮影）

木地師たち職能集団は、愛媛県内、旧美川村の東川や旧小田町の小田深山、西条市の大保木などに在住したとの記録が残るが、良材を求め、集団での山渡りであったため、ここ笠方集落のように末裔たちの定住が確認される例は少ない。「小椋」、「小倉」、いずれも木地師に関わる姓とされる。

日本の農山村の村落共同体を支える物的基盤は、山と水であるとされる。

四国山地の山懐、高知県に接する旧上浮穴郡面河村。この「面河村」の名は、昭和9(1934)年からのもの。それ以前は、「杣川村《そまがわ》」といった。山の暮らしを意味する「杣」と、それを支えた面河、坂瀬、割石の「川」を意味した村名であったが、昭和8(1933)年、面河渓の国の名勝地指定を機に、観光による村づくりを目指して〝改名〟となった。

ここでは、旧称・杣川の名のとおり、人々は古来、林業をなりわいとしていた。特に、今はその大半が面河ダム湖に沈んだ笠方地区には、「ろくろ」を使って、ケヤキやトチなどの材から椀《わん》や盆などを作る工人、「木地師」と呼ばれた職能集団が在住した。

木地師の家系は、多く小椋姓を名乗る。

近江国小椋郷。現在の滋賀県東近江市を西流、琵琶湖に注ぐ愛知川上流域が木地師発祥の地とされる。貞観元(859)年、この小椋郷に入った文徳天皇の皇子、惟喬《これたか》親王がろくろの業を伝え、随従の藤原実秀に小椋姓を名乗らせたという伝承に基づくもので、日本全国の木地師は、小椋実秀、親王に従った人々および小椋郷の住民の子孫であるというのである。

天皇から下されたとされる「御綸旨《ごりんじ》」という書付を持つ彼らは、全国の山々は入山勝手たるべしとされ、霞《かすみ》がかりとされる山の八合目から上は自由伐採が認められていた。良材を求め、山から山へと集団で渡り歩いていたが、明治初年の山林所有権の確定によって彼らの山渡りは終わり、最後の「山」に定住、農業へ転業となった者も多い。

かつて、ここ笠方地区にあった30戸ほどの小椋を名乗る家々は、江戸時代中期に入山したものと考えられている。

『面河村誌』(昭和55年)に、「中御門天皇享保元年(1716)頃より大字大味川へろくろ師入山し、続いて大字杣野へ入り盆筒類を作り出し、順次盛んになれり、今なほ梅ヶ市には数人の木地細工師あり、明治維新前まで到る所の官山に入り、自由に樹木を伐り細工をなし需要に供したるものなり、これらの木地師は小椋家にして――」という文書の存在が記される。

「杣野」は、笠方を含む旧面河村中心部の旧称。この地の小椋家が、木地師として栄えていた様子がうかがえる。彼らの中には、素封家として名をなした者も多い。小椋胤一のように面河村の村長を務めた者、さらには助役や村会議員など、村の指導者として活躍した人物も数多くいたようだ。

現在の東温市東部に「問屋」という地名が残る。黒森街道、国道４９４号の開通以前、面河村から割石峠を越えて松山へ出る貨物の中継地だった。木地製品はもちろん、木炭や木材などを馬で運送した時代の問屋跡、交通・交易の要所であった。白猪の滝、唐岬の滝のある辺り、旧川内町大字河之内字問屋だ。

木地師の仕事は家族単位の労働で賄われ、女性も子供も、それぞれ役割があり工程を分担した。彼らは、その仲間だけで縁組みし、一般の人々との婚姻はしなかった。特殊技術を持つ職人の集団であるとの意識と、祖先は〝高貴な筋〟から書付をもらっているという優越感が相まってのことだったのだろうか。

明治以降、木地師本来の仕事も次第に減少、彼らの多くは農業に転じ、この地を永住の地と定め、村落協同体に同化して行く。

昭和39（１９６４）年竣工《しゅんこう》の面河ダム建設のため、集落の大半が水没、高度経済成長期の挙家離村などを経て、ここ笠方は中山間地特有の寒村となった。かつての木地師小椋家も、この地区には数軒が残るのみである。

遠く歴史の彼方となった木地師だが、由緒ある職能集団の入山と移動は、この村の記録に多くのページを割いて、余りあるものだろう。

落出集落

［久万高原町落出］

人、モノ、車　聖火も駆け抜けた

街村・落出の町並みと、「落出駅」到着のJRバス

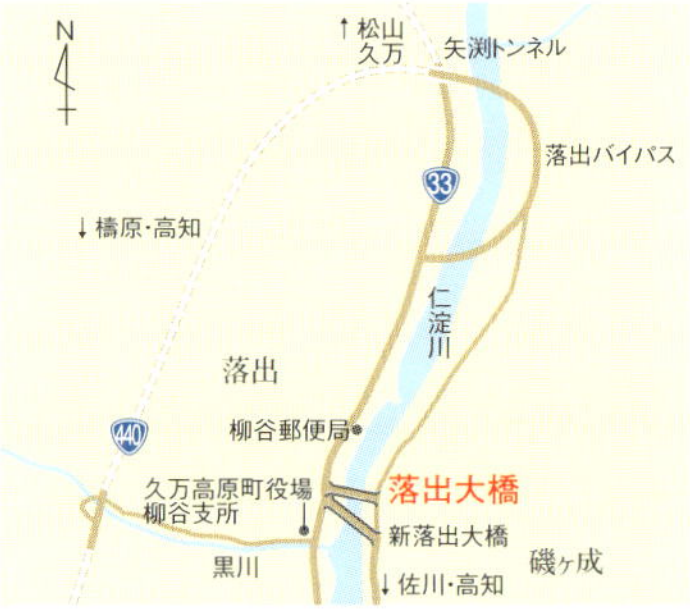

新落出大橋東詰から臨む落出集落。右は、東京オリンピックの聖火が渡った落出大橋
（2014年6月14日午前11時10分頃撮影）

落出と檮原を結ぶ国道440号は、昭和57（1982）年に国道指定を受けるまで、「高知県道・愛媛県道１号檮原落出線」と呼ばれていた。落出集落がいかに地域交通の要衝としてあったかを物語る。現在、集落手前の仁淀川右岸から川を跨いでまた右岸に戻るループ橋と、それに続くトンネルで集落を迂回、檮原方面に向かう「落出バイパス」が整備されている。

ＪＲ松山駅からＪＲバスに乗車、久万高原町の「落出駅」を目指す。

濃いブルーを基調とした車体に白のライン、ツバメのイラストがあしらわれた姿は、国鉄バスと呼ぶ方が納まりがよい。

砥部から三坂峠を越え、久万を抜け、国道33号沿いの集落をいくつか過ぎると、落出に到着。約1時間40分の行程だ。

松山市から55キロメートル、高知市から68キロメートルに位置する旧柳谷村の中心、高知県境の集落である。仁淀川右岸、山の迫った河岸に、文字通り狭長に発達した集落は、仁淀川の造った「V字谷」に張り付くようにたたずむ。

国道を挟んで、西側は山を削って建てられた家並が、東側には、河岸に背を向けて、道路面の下を物置などにした下屋を持つ家並が続く。国道を中心に、周辺に発達した裏通りのない一本の細長い「街村」である。

氷河の浸蝕《しんしょく》で造られた谷の断面はU字形であるのに対し、河川の浸蝕によって造られた谷のそれはV字形となる。これをV字谷と呼ぶ。この谷、河川の旺盛な下方浸蝕力によって形成されるのだが、一般に幼年期や壮年期の山地の谷に形成されやすいとされる。また、地盤の隆起などによって、河川の下方浸蝕力が強まった場合にも形成される。県内では、四国山地を横断する仁淀川やその上流の面河川で典型的なV字谷が形成されているが、その要因は、後者である。

四国山地は、約１００万年前から１０００メートルに余って隆起し、それに伴ってこの仁淀川は下方浸蝕を続けてきた。石鎚山系は、発見されるサンゴや二枚貝などの化石から、地質学上「古石鎚海」と呼ばれる海であったとされているが、昭和50年代、海ではなく淡水湖だったという「湖沼説」が打ち出されるなど、何やら複雑だ。

いずれにしても、海底なり湖底なりが隆起して四国山地が形作られていることには違いがないようだ。
明治24（1891）年、現在の国道33号にほぼ重なる「予土横断県道」が開通。この新しい街道が仁淀川を渡る地点にできた集落が、落出である。「渡津集落」としてのスタートだったが、その後、旧柳谷村内や高知県への交通の要衝地であることや、仁淀川の支流・黒川での水力発電所建設の拠点となったことなどから、町並が形成され街村となった。

大正10（1921）年に落出吊橋が架かるまで、人も物資も船でこの川を渡っていた。水が出て川止めとなることも多かったことから、旅館や料理屋、理髪店や日用品店・雑貨店などが軒を連ねるようになり、街村は規模を大きくしていった。

大正13（1924）年、県境での乗り継ぎながら、バス便が高知と結ばれる。昭和10（1935）年に落出大橋が竣工《しゅんこう》、ここから自動車運輸が本格的に普及することとなり、同年7月2日、国鉄バスが松山と高知県佐川の間を直通運行。車《しゃ》輌《りょう》も大型化、急行便も登場して「予土線」の路線名が付けられた。

昭和39（1964）年、東京オリンピック開催に当たって行われた聖火リレーの聖火は、9月12日に愛媛県入り、県内を巡った後、9月14日午前8時50分に愛媛県庁を出発、国道33号を南下、三坂峠を越えて久万、落出と駆け抜け、34区間、60・6キロメートルのコースを走り、県境で高知県へと引渡された。

昭和40（1965）年から国道33号の幅員拡張工事が行われ、同42（1967）年には、落出大橋のすぐ下手に、幅6メートルの新落出大橋が架けられ、現在にいたる。

明治中期、愛媛と高知の文化、経済の交界地域に、交通の要衝として歴史を刻み始めた集落の暮らしは、自然と折り合いをつけながら、これからも続いてゆく。

犬寄峠

［伊予市中山町佐礼谷］
［同双海町上灘］

牛が越え、馬車も辿った峠道

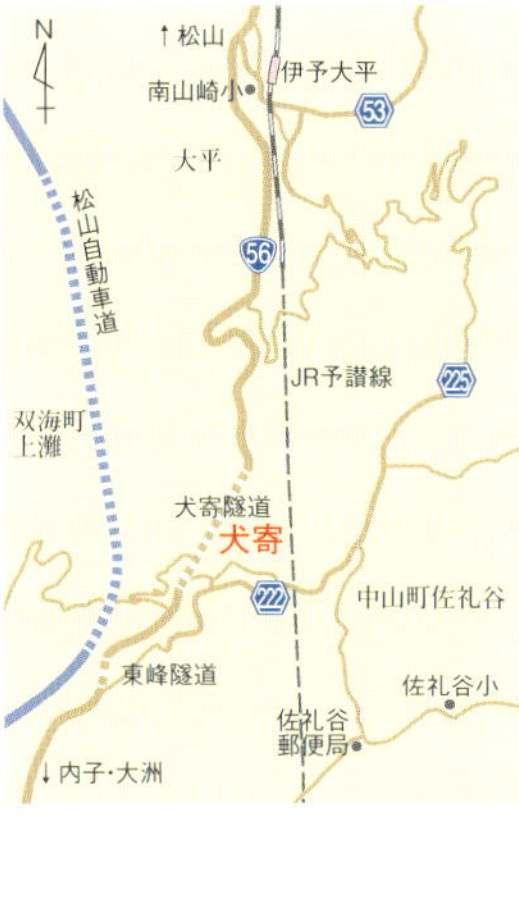

旧道峠の犬寄集落。秋の祭礼を迎え、幟《のぼり》が上がる

旧道、犬寄の峠道から北方向を望む。眼下に谷筋を辿る国道56号。奥には伊予灘、小富士、中央のピークは谷上山

（2014年10月17日午後0時10分頃撮影）

明治36(1903)年、大洲街道の道路改修で車道の通じた犬寄の峠道には、郡中－佐礼谷－中山間を結ぶ乗合馬車が走り始めた。中山方面からは米・木材・木炭・銅鉱石などを郡中港(旧万安《ばんあん》港)へ、郡中からは本郡《ほんぐ》の塩田で作られた塩が荷駄で大洲方面へ運ばれた。

松山から大洲、宇和島へと通じる国道56号。そのルートは、藩政時代に松山と大洲、宇和島を結ぶ重要な交通路であった大洲街道とほぼ重なる。

明治12(1879)年、一等県道の指定を受けたこの街道は、多くの難所を抱えていた。その一つが、標高329メートルの「犬寄峠」であった。

それは、伊予市大平の辺りから谷筋を進み、最後は一気に峠まで駆け上がる、というものだった。

この急坂解消のため、明治23(1890)年から、順次改修工事が行われていった。

明治36(1903)年、伊予市の郡中から犬寄峠までの新道建設が完了、続いて同39(1906)年には、伊予市中山町まで、新道が延びる。

郡中から大平を経て峠に至る新道は、緩やかな坂とはなったもののカーブの連続で、「ぜんまい道」などと、なんとも失礼な呼ばれようをした。昭和28(1953)年、国体開催の年に二級国道197号松山高知線となり、ぜんまい道解消のための整備が進められることとなる。同40(1965)年には一般国道56号となり、同45(1970)年に、犬寄隧道《ずいどう》が開通、急坂もぜんまい道も解消となった。

県道222号中山双海線上に位置する旧道峠の犬寄集落。竹藪《たけやぶ》の中に立つ朽ちかけた峠標識の標高表示は、306メートル。

現在の国道56号の峠は、標高290メートル。大洲街道の頃からだと、約40メートルも峠の標高が下がった計算だ。

犬寄峠の名称由来は、昔、この峠付近に山犬が群れを成し、旅人がしばしば襲われていたことによるとされ、大洲藩御用飛脚がこの峠で山犬に囲まれた云々《うんぬん》など、いくつかの山犬に関わる伝説が残る。

峠の名の由来はそれとして、この峠、多くの牛が越えた峠でもあった。

昭和30年代までだろうか、農業の機械化、運搬運輸の近代化が進むまで、馬もそうだが、牛は特に、農耕の重要な資源であった。

田畑を耕し、荷を運び、肥やしをつくる「役牛」として、松山平野の農村部では、広く飼育された。

田植え後、秋の収穫期まで、牛たちは一先《ひとま》ずお役御免となるのだが、この時期、暑気、蚊、飼料の夏草入手など、飼育管理上の面倒が多いところから、牛たちは山間部の農家に預けられていた。

これを「里牛（預け牛）」と言い、松山平野の農村では、犬寄峠を越えて中山、内子などに預けるか、砥部の上尾峠を越えて広田、または三坂峠を越えて、久万方面に預けていた。

里牛について、『中山町誌』（平成8年）には、「当地の副業的畜産として行われたもので、平担部の牛を年間または季節的に預かって飼育し、その手間賃を受け取るしくみである。大部分は7月上旬から10月中旬までの夏草期のもので、問屋を経て牛主と預かり手が契約、さらに預かり期間中の生育、肉付きの度合を評価して、手間賃を定め――」とある。

多い時には、年間に千頭以上の牛が犬寄峠を越えたこともあったそうだ。

「峠」は文字通り、交通の難所ではあるが、それは異なる生活圏の接する場所でもあった。

ここ犬寄峠には、牛を介して取り結ばれる、人々の社会関係があった。

交易や文化交流が行われ、それこそ、峠を挟んでの縁談話もあっただろう――。

牛は、新しい経済圏、文化圏を作り出し、通婚圏までも引き寄せた。

山肌に穿《うが》たれたトンネルを走り抜ける自動車では、こうはいかない。

「牛」なればこそだ――。

小田郷

［内子町小田］

文字どおりの深山幽谷

旧小田町中心部、「町村」。国道380号沿いに商家が家並みを連ね、街村を形成する

小田深山渓谷。ネコヤナギの芽吹きを映して流れる菅行川（2015年４月11日午後０時20分頃撮影）

寛政13(1801)年編さんの大洲・新谷両藩の史書『大洲旧記』に、藩政時代、元和年間(1615～26)の初め、大洲領中川村の庄屋・大野仁兵衛が御山(小田深山)の開墾を願い出、大瀬熊野滝(現内子町大瀬)の農家42世帯を引き連れて入植したと記されているが、750～1000メートルという標高に阻まれてか、この事業は失敗に終わる。明治4(1871)年、廃藩に際して全域が官山となって以降、明治の終わりから昭和にかけて、多少の木材の伐採、植林が行われたが、幸か不幸か、小田深山は開発の手から免れて、現在ある。

石鎚山から皿ケ嶺に至る石鎚山脈の南斜面を占め、東と南は1000メートルを超える四国山地の峰々によって高知県に接する上浮穴郡。

かつて、久万町・小田町・面河村・美川村・柳谷村の2町3村で構成されたこの地域は、藩政期を通じ、仁淀川流域の久万、面河、美川、柳谷の久万山郷は松山藩に、肱川上流域の小田郷は大洲・新谷の両藩に属した。

小田郷・旧小田町は、明治11(1878)年の郡区町村編制法施行以降、上浮穴郡内にあって、中予の自治体として過ごして来たが、平成16(2004)年8月1日、平成の大合併によって上浮穴郡内の久万、面河、美川、柳谷の1町3村が合併、「久万高原町」となる際に〝離脱〟。同17(2005)年1月1日、喜多郡の内子町、五十崎町と合併、新設内子町の一地区となり、南予の自治体に仲間入りとなった。

現在、内子町小田地区と久万高原町との間には国道380号が通り、南予方面と久万とを結ぶ幹線道路となっているが、昭和11(1936)年、久万山郷と小田郷を分かっていた真弓峠の下に隧道が抜けるまでは、旧広田村の総津落合から下坂場峠、鴇田《ひわた》峠を経由して旧久万町本町に至る遍路道、現在の県道42号久万中山線が小田から久万への主要な交通路だった。

遍路道が主要交通路とは、なんともだが、要はいかに山深い土地かということだろう。

旧小田町上川に源流を持ち、小田地区を東から西へと貫流する小田川は、田渡川、中山川などの支流を集めて内子、五十崎を流れ下り、大洲市の鳥首橋で肱川本流に合流する。

延長36・4キロメートル。流路は緩傾斜のため、この川には発電所もダムもない。第2次大戦前まで、この地区の基幹産業である林業製品の木材や竹は、突合《つきあわせ》や豊秋橋で筏《いかだ》に組まれてこの川を下り、肱川河口の長浜から国内各地に移出されていた。

このように、ここ小田では、人もモノも、ずっと内子・大洲に向けて流れていた。

この歴史を考えると、小田の内子、五十崎との合併は、〝自然な形、元に戻った〟というべきだろうか。

小田地区全体の約90パーセントが山林。ほとんどが「山」である。

小田川に沿って道路が走り、家々が並び、その裏手は、やはり山、山——。

こうした山深い地形は、そこに暮らす人々には難儀を課すものだが、一方で、この厳しい自然条件が生み出した「小田深山渓谷」、「雨霧山」、「獅子越峠」などの景観は、私たちに共生が求められている、「自然」というものを再認識させてくれる。

小田地区の南東部を占める山岳地帯・小田深山は、四周を1200から1500メートルの険しい山々に囲まれ、その中を仁淀川の支流・菅行川が流れ、小田深山渓谷を形成する。「深山幽谷」である。小田深山の名にふさわしい。

小田深山の渓谷沿いには遊歩道が設けられており、渓谷上流の安芸貞淵を起点とすれば、終点の藤見河原までの間、淵あり瀬ありの変化に富んだ景観を楽しめる。

この地が小田深山と呼ばれるようになった事情はよく分かっていないが、寛永年間(1624〜44)、大洲藩がこの地を直轄の「御山」として、樹木の自由伐採を禁じたところに起源が求められるようだ。「小田深山」という表記の初出は、明治37(1904)年。同年測図の5万分の1地形図である。まだ110年余り、新しい地名だ。

紅葉の名所とされる小田深山だが、歩くなら芽吹きの頃も、いい。

木々のそれ、川のせせらぎ、鳥のさえずり、過不足のない自然の時間が流れる。

河口の町

［大洲市長浜町］

川の水量が、人々の生活とじかに共振していた

JR伊予長浜駅。「海岸回り線」の普通列車が発着する

大洲市長浜町上老松に架かる大和橋から肱川河口を遠望。中央に長浜大橋(赤橋)、新長浜大橋、その向こうには伊予灘の夕景　(2013年4月15日午後6時30分頃撮影)

肱川河口に平野は形成されていないが、町の1〜2キロメートル沖に、肱川が運んだ川砂と沿岸潮流によって形成された、深さ約3〜7メートルの砂《さ》堆《たい》が2カ所確認されている。

戦前戦中、北九州で採掘された石炭を阪神方面に運んだ機帆船が、帰り荷に肱川の砂を山口や北九州に運ぶことがあった。肱川河口に堆積した結晶片岩の砂利は良質で、ビル建設や道路工事はもちろん、軍事施設建設にも用いられた。

そう、高校生の頃。

国鉄松山駅から鈍行の気動車に乗車、旧長浜町を訪ねたことがあった。

まだ、内山線開通前のこと、列車は伊予市を過ぎ、上灘、下灘と伊予灘沿いを西進。現在の海岸回り線だ。

進行方向左手に迫る急峻《きゅうしゅん》な山塊は、今にも、右手の伊予灘に滑り落ちていくようで、山と海がせめぎあう隙間を、鉄路と国道がすり抜けて、という光景だった。この砂浜の少ない海岸は、「伊予灘断層海岸」というのだそうだ。断層海岸は、伊予灘沿いを佐田岬の先端まで続く。

伊予長浜に至ったところで、行き違い列車待ち合わせとなり、20分ほどだったか停車となった。当時の列車は、よく停まった。

乗り合わせた人々は列車を降り、駅近くの萬《よろず》屋へ。瓶詰めの炭酸飲料で喉を潤し、菓子パンで小腹を満たしてと、それぞれに停車時間を過ごしていた。

長浜の町は、肱川河口の砂嘴《さし》に発達したもの。平野が開けていないのはなぜ、三角洲も見当たらないが——。以前から持っていた疑問だった。

肱川の源流から河口までの直線距離は約18キロメートル。しかし、蛇行、屈曲を重ねた川の総延長は103キロメートルにも及ぶ。

西予市宇和町の鳥坂峠付近に端を発し、470余りの支流を集めながら、野村町、大洲市肱川町と流れ下ってきたこの川は、大洲市街を貫流した後、八多喜を過ぎた辺りから、渓谷のような姿を見せ、そのままの川幅で伊予灘、瀬戸内海に流れ込む。

川の下流は、「先行河川」と呼ばれ、もともと川が流れていたところが造山運動などによって隆起、川をせき止める地殻変動が起こったが、流れはその力に抗《あらが》って地殻を浸食、流路がそのまま残ったものである。

結果、山地を削ったようなV字の渓谷ができるのだが、この渓谷を先行谷、流れる川を先行河川と呼ぶ。

思えばこの川、大洲市街からは山に向かって流れているようにも見える。

蛇行、屈曲の果てに大洲盆地に流れ込んだ川が海への出口を求めたのが、ここ、長浜だった。

肱川流域では、明治の頃から、木材を筏《いかだ》に組み河口へと運ぶ筏流しが盛んに行われており、長浜の港は、肱川を下ってきた木材や蠟《ろう》などの集散地、積み替え港として大いに繁栄した。

木材の集散地としては、和歌山の新宮、秋田の能代とともに、日本の三大集散地の一つにも数えられていた。

長浜に集められた木材は、「伊予の小丸太」と呼ばれ、建築材の柱や垂木、坑木などに多く用いられた。その販路は、国内はもちろん、戦前の台湾や満州、朝鮮にも向けられ、社宅や駅などの建築用材として出荷されていた。坑木は、福岡や長崎などの炭坑にも送られていたそうだ。

「地殻を浸食して川の流れを確保」

いやはやなんとも、河口の町のかつての繁栄は、人智の及ばない、自然の意思と力に大きく負っていたようだ。

とうとうたる肱川は、この町を包む時間とも相まって、今もゆっくりと流れ続けている。

人間が自然と向き合う時、そこには「畏敬」の二文字が必要である、と思う。

今更ながらではあるが——。

夜昼隧道

［大洲市野田］
［八幡浜市川之内］

住む人来る人　行き交う隧道

夜昼峠をくぐり、八幡浜市街へと延びる国道197号とJR予讃線。中央の流れは、千丈川

夕暮れの「夜昼隧道八幡浜側入り口」。坑口には、換気装置の塔屋が張り付いて建つ
（2015年２月13日午後６時10分頃撮影）

夜昼隧道の掘削開始は、昭和43（1968）年８月のこと。

２年８カ月の工期と15億円の工費を費やして、昭和46（1971）年４月、開通。

四国内では、高知県、国道32号の大豊トンネル（昭和52年開通、1605メートル）が、同様に換気塔を坑口に備える。

遠来、九州からの客を迎えることがある。古い友人たちだ。

彼らによると、「四国は山ばかり。隣町へ行くのにも一山《ひとやま》越えないといけない。大変なところ」なのだそうだ。自家用車利用、大分からフェリーで三崎港あるいは八幡浜港に渡り、松山を目指しての感想らしい。四国4県をひと括《くく》り、「山ばかり」とは心外だが、確かにとも思う。

八幡浜市と旧西宇和郡の町々を、「八西《はっせい》」と呼ぶが、この八西から松山へ向かう最初の一山が、夜昼峠である。

八幡浜市東部の川之内と大洲市南西部の野田との間の峠は、標高３００メートル。地名由来は、未明に麓を発つと峠で夜が明けたからとか、峠越えに1日かかり昼が夜になり、夜が昼になったからとか、諸説ある。

日本では、山そのものを神と崇《あが》める山岳信仰の関係からか、山に穴を開けて道路を通す「トンネル」が発達しなかった。代わって、交通の結節点として「峠」という概念が発達した。各地にトンネルが造られるようになるのは、昭和以降のことである。

宇和海沿岸と大洲盆地との気候界をなす夜昼峠は、古来、何かにつけ越えなければならない八西と大洲を結ぶ交通の要地であった。

大正9(１９２０)年には、峠を越えて県道八幡浜－大洲線が開通。以後、八幡浜－大洲・松山を結ぶ幹線道路となった。

八幡浜側は千丈川、大洲側は野田川を遡《さかのぼ》った先には、県道が通る以前の旧街道、峠へ続く石畳の道が残る。

昭和14(１９３９)年、国鉄予讃線（現ＪＲ予讃線）の夜昼トンネルが開通、高松・松山から八幡浜までが、鉄路でつながる。峠越えの県道は同37(１９６２)年に二級国道大分－大洲線、同40(１９６５)年には国道１９７号となるのだが、道幅が狭いうえに屈曲が多く、かつて「いくな酷道」などという呼ばれようをした同国道路線の中でも、「難所」のひとつであった。

昭和46(1971)年、峠の下に全長2141メートルの長大トンネル「夜昼隧道《ずいどう》」が完成、それまでの峠越え21キロメートル、50分の行程は、距離、時間とも半減された。

八幡浜側、大洲側とも、坑口に塔屋のような構造物が張り付いているのが日に付く。昭和40~50年頃に建設された長大トンネルの換気に用いられる半還流式換気装置だ。

隧道開通後、1日平均通行車輛《しゃりょう》数が、当初予想の3600台をはるかに上回る約5000台となり、多量の排気ガスが、歩行者や自転車の通行を困難にしたため、翌年、四国のトンネルでは初めて、天井部に送気ダクトと排気ダクトを設けた換気装置が設置されることとなった。

八西は、陸上交通の遅れが著しく、陸地部の移動手段の多くを船に頼る「海主陸従」、海上交通主体の地域であった。

ここに通じたのが、夜昼トンネルであり、夜昼隧道だった。

隧道の開通後、八幡浜市の企業が地価の安い大洲市に進出して倉庫や冷凍施設を建設、さらには、八幡浜市に勤める人たちが、住宅や土地を大洲市に求めるなど、地域にさまざまな影響を与えた。

昭和の先人たちは、夜昼峠というこの一山にトンネルを穿《うが》ち、八西と大洲の経済圏、生活圏を結びつけたのである。

当方、「山ばかり」もそう悪くはないと思うのだが、そこに暮らす人々にとって、越えなければならない「一山」には、切実な思いがあったようだ。

夜昼隧道開通後、峠越えの旧道を走る車を見かけることはまれとなった。また、とうに役目を終えた石畳の旧街道は、木漏れ日の山道となって、かつての自然へと無化を続けている。

銀行の始め、紡績業の始め

[八幡浜市保内町川之石]

残照　近代を先駆けた町

伊予銀行川之石支店前に建つ「第二十九國立銀行記念碑」

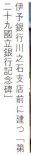

明治20(1887)年設立、宮内川に沿って建つ県内初の紡績会社「宇和紡績(のち東洋紡績)」赤レンガ倉庫跡
(2014年10月24日午前10時50分頃撮影)

国立銀行の多くは今日の銀行の起源になっている。

第二十九国立銀行は、昭和9(1934)年、八幡浜商業銀行となり、後に大洲銀行と合併し豫州銀行、現在の伊予銀行の前身のひとつとなった。

紡績会社はこの他県内では、明治26(1893)年に温泉郡朝美村(現松山市萱町六丁目)に松山紡績、同29(1896)年に西宇和郡八幡浜町(現八幡浜市)で八幡浜紡績、同33(1900)年には越智郡日吉村(現今治市)で伊予紡績が創業されている。

休日の午後、目指したのは佐田岬半島の基部、宇和海に面した八幡浜市川之石、旧保内町だ。

背後に小高い山を控え、いかにも長閑《のどか》な港町の佇《たたず》まいをみせているこの町は、明治初めに「愛媛県初の銀行」と「四国初の紡績工場」が置かれたところ。

さて、そんな名残に出合えるだろうか、との思いを抱きつつの川之石行だった。

明治5(1872)年11月、国立銀行条例が公布され、東京・大阪・新潟・横浜の各都市に国立銀行が創設された。同9(1876)年8月には条例が改正され、金禄公債を所持する士族に対して銀行設立を奨励、各地で国立銀行設立の機運が高まった。

愛媛県でもこの改正条例に基づき、明治11(1878)年1月9日には、ここ(当時は西宇和郡川之石浦)に、県内最初の銀行「第二十九国立銀行」が設立される。

この当時の国立銀行は、「国法によって立てられた銀行」という意味で、民間資本が法律に基づいて設立、経営したもので、いわゆる国営の銀行ではない。

当時の西宇和・保内地方には、藩政時代に採掘の始まった銅鉱山があり、また、蠟《ろう》の原料であるハゼの一大産地でもあった。雨井港、川之石港では早くから大坂、九州との交易があり、江戸末期の天保年間からは千石船を使って物資を運んでいた。このような環境から殖産事業への関心をもつ富豪も多く、ハゼ交易のための金融も担った互助組織「蠟座」が早くから開設されていた。

またこの頃、宇和島藩の旧藩主が帰郷し、藩政時代の融通会所を母体にした国立銀行設立を宇和島の有志に諮ったがまとまらず、権利を川之石の蠟座有志に譲ることとなる。

そんないきさつ、ベースがあっての、「銀行設立」だった。

一方、明治の時代、国家の基幹産業であった紡績業。

県内初の紡績会社は「宇和紡績会社」で、明治20（1887）年に県から操業認可を受け、同22（1889）年12月にここ川之石で操業を始めた。四国で初の紡績会社と言われている。

社長には地元の郵便局長で資産家の兵頭吉蔵が就任。2064錘《すい》の紡績機の据付は、英国人技師を招いて行った。また、明治24（1891）年には自家発電を設備、愛媛県初の「電灯」を点《とも》し、昼夜二交代勤務制を導入するなどして、業績を順調に伸ばしていったが、同30（1897）年頃から業界不振と相まって経営不振となり同40（1907）年4月に大阪紡績会社に買収され、さらに大正3（1914）年、東洋紡績川之石工場として再出発した。再度業績を伸ばし、その最盛期であった昭和3（1928）年頃には、精紡機3万3400錘・織機570台、工員2380人を抱える町の中心産業だった。同17（1942）年から工場は軍需品生産に移行、終戦後に紡績業を再開したものの、「繊維不況」のあおりを受け、同35（1960）年9月に工場は閉鎖となった。

タイトルとしたのは「銀行」と「紡績業」。金融の熱気と織機の動作音、行き交うビジネスマンたちの喧騒《けんそう》と織子たちの嬌声《きょうせい》に秘められた悲哀。

日暮れて歩いた町の通りで感じたのは、それらが綯交《ないま》ぜとなった「気」のようなものだろうか――。

海上国道

［伊方町三崎］

海峡を渡る 人、モノ、時間

乗船待ちの車列。乗用、貨物、様々な車が海を渡る

三崎港岸壁を離れる九四国道フェリー「ニュー豊予3」。右手には、豊予海峡に向かって延びる佐田岬半島
（2013年7月13日午前11時50分頃撮影）

佐田岬半島先端部に位置する旧三崎町。豊予海峡を挟んで約15キロメートルの距離で大分市佐賀関と向き合う。

平成17(2005)年4月1日、西宇和郡伊方町、瀬戸町と新設合併、新たに伊方町の一部となった。

藩政期、三崎港には宇和島藩の船番所が置かれ、100石以上の船が30隻係留できたという記録が残る。

数字の語呂合わせから、「行くな酷道」などと不名誉な呼ばれようをした国道197号。

　高知市を起点に、鬼北町、西予・大洲・八幡浜の各市を抜け、伊方町の佐田岬半島を縦貫、豊予海峡を越えて大分市に至るこの国道は、四国の西南地域と中部九州を結ぶ幹線道路である。昭和40（1965）年の国道指定時には、悪路の続く、まさしく通行に酷な道だったが、その後、道路の改修・改築が重ねられ、「メロディーライン」と呼ばれる佐田岬頂上線のような区間も整備されるなど、かつてのイメージは、もうない。

　昭和44（1969）年4月開設のフェリー航路が、伊方町の三崎港と大分市の佐賀関港を結ぶ。事業者名は、文字通りの「九四国道フェリー」という。

　フェリーに乗船。半島の山頂部に並ぶ風力発電施設を右手に見やり、佐田岬灯台を過ぎたあたりから、船体が上下左右にゆれ始める。船のエンジン音が大きくなり、出力を上げているのが分かる。

　速吸瀬戸《はやすいのせと》などと、いかにも海の難所のような冠を被《かぶ》せられた豊予海峡の潮の流れは、速く複雑だ。フェリーは潮流に抗《あらが》いながら、対岸、佐賀関を目指す。

　後方、鋭角に突き出した佐田岬半島が遠ざかり、前方にはかつての企業城下町・佐賀関の象徴である、旧日鉱佐賀関の大煙突が迫ってくる。

　この航路を「海上国道」と呼ぶ。

　国道が海を跨《また》ぎ、海上交通機関によって結ばれている場合、その海上部分を指す通称である。国道ながら、人も車もフェリーなどを利用しなければ通行不能な区間をそう呼ぶそうだ。

　この海上国道、海上部も含めて一つの国道として建設・管理することが、沿線の発展に寄与すると国が認めたものである。ただ、厳密な定義はなく、「一般国道の路線を指定する政令」（昭和40年3月29日政令第58号）に示されている「重要な経過地」を経て海上部を含めて一連となっているかどうかで、判断されているそうだ。また、必ずしも航路が設けられているわけではない、とのことである。

昭和40年、まだ、「日本列島改造」などという空気感がこの国を覆う以前のことである。国土の有機的な発展を企図した制度設計だったのであろう。

松山市を起点に、今治市と旧越智郡の島々を経て、広島県尾道市を結ぶ国道３１７号の海上部も、海上国道である。

過去、このルートに重なるように広島県三原市と今治市の間には、「三原今治国道フェリー」という航路が存在したが、今はない。代わって島伝いに渡された11の橋を人と車が行き来する。この橋を含む59・4キロメートルの西瀬戸自動車道（しまなみ海道）は、国道３１７号のバイパスに位置付けられており、本来の国道は、今でも海の上を走っているのだそうだ。

ほお、という感想だが、よく考えれば納得できる話だ。

大分の人々は、大分市街から佐賀関までの区間を「愛媛街道」と呼ぶそうだ。彼の地には海峡の向こう側、愛媛を意識した暮らしがあるのだろうと、推し量られる。

フェリーに車ごと乗り込めば、70分で大分から愛媛へ、愛媛から大分へ渡れるのである。

船はいい。

離岸時の戸惑いと、着岸時の少しの躊躇《ちゅうちょ》。この間の時間は、人生の幕間《まくあい》のようだ。

海上国道とされるこの航路、次代に引き継がれてほしい、と思う。

宇和盆地

［西予市宇和町永長］
［西予市宇和町卯之町］

田圃、町並み　人々のたたずまい

卯之町中心部、中ノ町の町並み。建築年代は、江戸末期から明治初めとされる

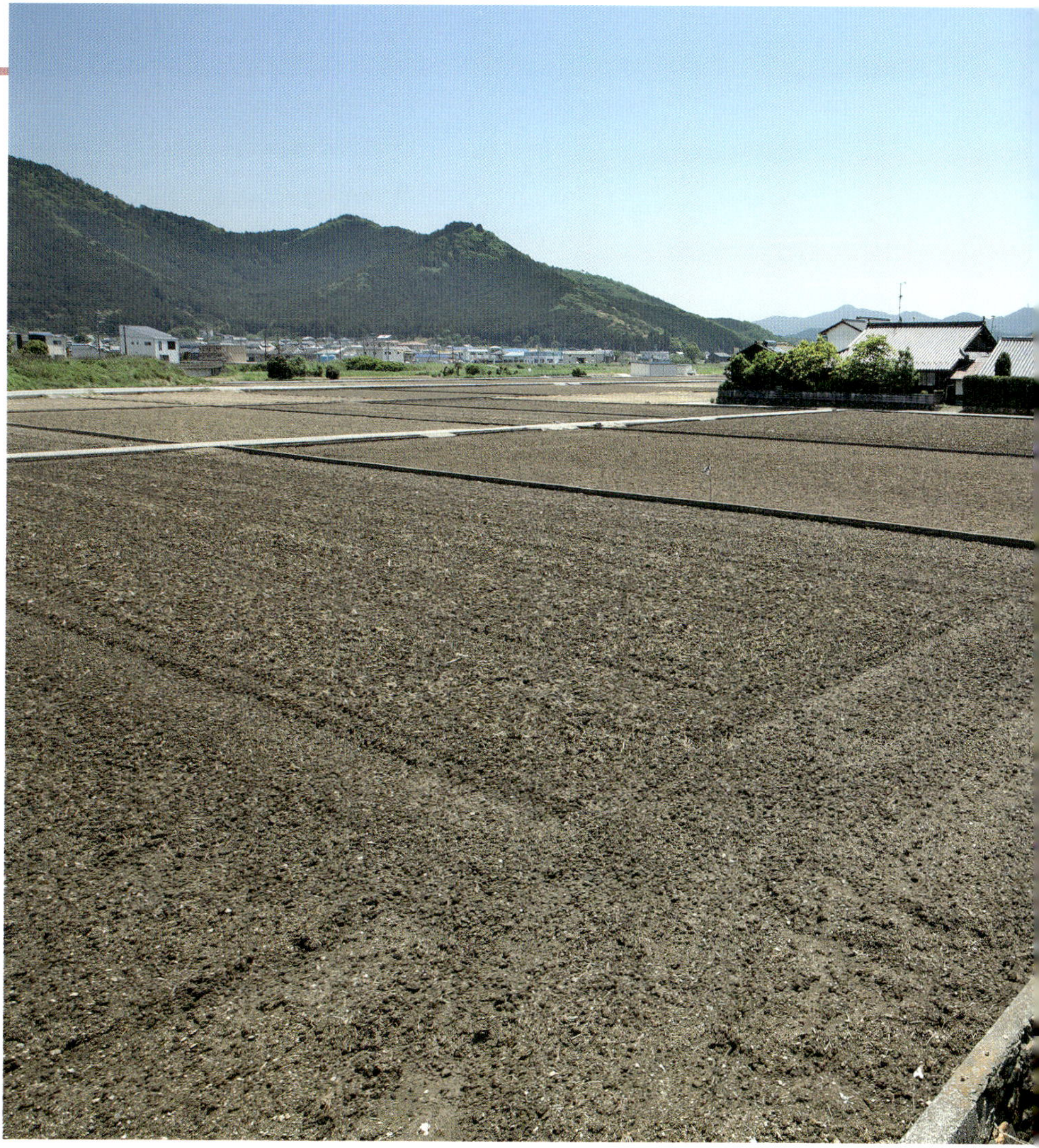

宇和盆地中央、永長地区から南方向を望む。田起こしを終えた田圃《たんぼ》が並び、この後、代かき、田植えと、農繁期を迎える
（2015年５月13日午後０時10分頃撮影）

集落の形態のうち、道路の両側または片側に民家や商店が並ぶものを、「街村」と呼ぶ。
南予の各地方や盆地の中心地域で、歴史・交通の中心と地理的条件が重なった町には数キロにも及ぶ街村がみられる。喜多郡の内子町内子・五十崎、南宇和郡の愛南町御荘・城辺の商店街などがこれに当たるが、中でも、西予市宇和町卯之町のそれは、見事。

宇和島に暮らす旧友を、よく訪ねた。多くは鉄道を利用したが、自家用車も使った。松山自動車道の宇和島延伸以前のことだ。

大洲から鳥坂隧道《ずいどう》を抜けた国道56号は、区画整理された田圃《たんぼ》が続く宇和盆地へと進む。その先、走っても走っても、田圃また田圃の田園風景が続き、なかなか吉田境まで辿《たど》り着けない。法華津峠の上りに差し掛かると、やれやれといったところ。長い長い、宇和盆地の道中だった。

この盆地を走っていると、整然と巡らされた導水路と、それに沿う一反歩の短冊形の耕地に目を奪われる。明治末期から大正年間にかけての耕地整理事業によって造られたもの。「米どころ」とされる所以《ゆえん》だ。

盆地の中央、永長《ながおさ》集落の耕地整理は、明治38（1905）年、県下のトップを切って始まった。大昔の湖水が土砂の堆積によって平地化されたこの盆地ではかつて、農作業には泥の上を移動する板の下駄が必需品だった。耕地整理事業は、その低湿性を解消、その後の機械化農業を推し進める上で、大きな意義を持った。

耕地内には、古く、立派な構えの農家が散在する。「四六の家」という、間口六間、奥行四間の母屋、「お部屋」と呼ばれる隠居屋、それに蔵と納屋の4棟からなる敷地約300坪の屋敷が、この辺りの標準的な農家の造りである。また、戦前から進学率も高く、「親は百姓、子は先生」というのが、百姓旦那と呼ばれた農家の典型だった。

この豊かさは、稲作に適した自然条件、自作農が多かったという歴史的条件に加えて、明治末期には耕地整理に着手していたという、先人たちの先見性・計画性の賜物《たまもの》だろう。

現在では、減反など、農政の転換もあって、かつて「嫁に行くなら宇和永長へ」と言われた地域の様子も変わって来ており、専業農家もその後継者も、減少傾向にある。

永長の先、盆地の南東部に位置する卯之町は、長さ1600メートルに及ぶ細長い市街地を形成する典型的な街村である。

戦国時代、南予に勢力を張った西園寺氏が、天正年間(1573~92)にその居城を、盆地北東の松葉城から、南東部の黒瀬山に移した際、山麓の鬼窪村に町を造ったのがこの町の起源とされる。当時、「松葉町」と呼ばれていたこの町は、南予最大の城下町であったと考えられている。町は、現在の宇和警察署の辺りにあったようだが、しばしば火災に見舞われたことから、慶安4(1651)年、町並みを北方向、現在の中ノ町の辺りに移されたとされている。

現在の地名「卯之町」は、松葉町からの改名の年が辛卯《かのとう》の年であったためとか、卯の日に市が立つため卯之町にしたとか、諸説あるが、薪《まき》の着火剤に使われ、火に通じた「松葉」の名を、水と縁の深い「鵜之町」に変え、のち「卯之町」に転じた、という説がしっくり来る。

藩政時代には宇和島藩最大の在町として、また、宇和島-大洲間の宿場町として大いに賑《にぎわ》う。

卯之町の開明学校に残る天保時代の「卯之町全景図」に描かれた当時の町の様子からは、その中央部、現在の中ノ町の家並みは特に大きく、大きな商家が並んでいたことが分かる。背後に土蔵をそなえた瓦葺《ぶき》妻入り屋根の同一規模の家並みが続く様からは、計画的地割にもとづく市街地形成がなされたのであろうことが窺《うかが》われる。

現在の中ノ町に、商店はほとんど見られないが、古い家並みが往時の様子を今に伝える。

この盆地には、将来を見越した〝計画〟という理念が息づいているのだろう。

整然と並ぶ田圃や町並みは、暮らす人々の人となりを映すようで、気持ち良い。

サルバイ

［西予市城川町田穂］

伝承の地、神様が行き逢った場所

城川町魚成の氏神様を祭る一宮神社。「いっくうさん」

立秋を過ぎた城川町田穂地区サルバイ。魚成から野村へと続く県道野村城川線沿いでは、出穂《しゅっすい》を控えた水稲が陽《ひ》に映える
(2014年8月12日午後3時50分頃撮影)

県南部、肱川上流域の典型的な中山間地、城川町。
平成16(2004)年4月1日、周辺4町と合併、西予市城川町となる。旧町の時代には「奥伊予」とキャッチフレーズを掲げ、「わがむらは美しく」のスローガンの下、背伸びをしない、身の丈に合った、独自の町づくり、地域おこしを行ってきた。農村の伝統文化も数多く残る。

昔も今も、「境界」の確認、画定は難しい。

既に、誰もが認める、ここが境界というものがあっても、いやいやここまではうちのものだと、「三百代言」言い募る者も出て、ややこしい。

今回は、境界にまつわる伝承譚《たん》、「行き逢《あ》い裁面」の話。

村と村との境界を定めるのに、「双方、氏神を祭る社から同じ日の同じ時刻に出発して、行き逢ったところを境界とする」というものだ。裁面は境を意味し、境界画定をめぐる習俗とされている。

西予市城川町を南北に貫く国道197号の魚《うお》成《なし》橋から西へ、同市野村町方面へ向かう県道35号野村城川線。魚成川、田穂《たお》川に沿って緩やかな上りが続いた先、野村境の桜が峠手前の田穂という集落に、「サルバイ」という、なんとも変わった俗称地名が残る。

その昔、城川町魚成の氏神と野村町野村の氏神が行き逢ったとされるところだ。

城川町教育委員会編『城川のむかし話』(昭和54年)によると、「昔、野村地区の氏神である三島様と、魚成地区の氏神である一宮《いっくう》様とが領地争いをした——。田穂集落は、ちょうど野村と魚成の間にあったので、両方の神様とも、この田穂の土地は自分の領分であると言い張って、一歩も後に引かなかった」そうだ。

そして、行き逢い裁面となるのである。

「ある朝、一番鶏の鳴くのを合図に、魚成の神様は牛に乗り、野村の神様は猿に乗って出発する。当然、猿の方が足が速く、野村の神様は桜が峠を越え、ここ城川分の田穂まで来て、魚成の神様と行き逢う」のである。

この土地を猿が奪ったところから、「猿奪い」、「サルバイ」と呼ばれるようになる。

さらに、野村の三島様は魚成の一宮様に、「私が勝ったのだから、約束どおりこの田穂の土地は、私の領分とさせてもらいます。そして、あなたは、牛で来られて負けたのだから、これから毎年野村のお祭りに、この田穂から、牛をお供に出させてください」となり、以来「三島様のお祭りには、田穂から牛鬼を出すことになっている」のだそうだ。

なんとも、牧歌的な争いの仕舞い様だ。

今年の秋祭りも、田穂の牛鬼は野村の牛鬼に従って巡行する。「行き逢い祭り」である。

このサルバイの辺り、県道沿いを歩くと、耕地面積こそ少ないが、これは神様も取り合うだろうなと思われる日照、水はけともに良さそうな田圃《たんぼ》が広がる。

隣接した村と村は、峠や尾根、河川などによって地籍図に線状の境界が示されるのだが、そこに暮らす人々の意識には、ああこの辺りが境なのだろうという、帯状の空間の存在があるようだ。緩衝帯であり、そこには、行き逢う神の存在があった。

さらにこの「行き逢い祭り」、境界をめぐる示威行動とも読める。

10、11月と、県内各地で秋祭りが催されるが、神輿《みこし》の鉢合わせもこの行き逢い祭りの一つの変形なのだろう。各地区、町内の氏神を戴《いただ》いた神輿が鉢合い、押し合うのである。

人間誰しも、その心底には少なからず、「版図《はんと》を拡《ひろ》げたい」という気持ち、心情を持ち合わせているもの。

年に一度、祭りの場を借りて、ガス抜きを行うのだ。

けが人の心配をする向きもあろうが、火器を備えた航空機や艦船が行き逢うのではない。神様の乗り物が行き逢うのだ。大事には至らない。

先人の知恵だろう――。

山路こえて

［西予市宇和町皆田］
［宇和島市吉田町法華津］

峠に折り重なる人々の記憶

旧道峠から見下ろす国道56号

日暮れ間近、法華津峠に建つ「山路こえて」の歌碑。眼下に法花津湾、その向こうに宇和海が広がる
（2014年10月24日午後5時20分頃撮影）

西予市と宇和島市の市境をなす法華津峠。

戦国時代、宇和地方に勢力を張った西園寺氏臣下の法華津氏が城を築き、豊後から侵攻してきた大友氏を退けた古戦場でもある。

西村清雄が歩いた峠道は、標高634メートルの高森山の西斜面を右に左にと曲がりくねりながら、今も残る。

かつて、難所として知られた峠の中腹には、鉄道、国道ともにトンネルが整備され、多くの人とモノが行き交う。

タイトルの「山路こえて」は、『讃美歌《さんびか》21』(日本基督教団出版局)466番の歌い出しである。

作者は、西村清雄《すがお》。明治、大正、昭和と生きた教育者・キリスト者だ。

明治4(1871)年2月13日、温泉郡松山北京町に生まれる。

明治18(1885)年、愛媛県第一中学校に入学するも、翌19年、同校は廃校となる。受洗はこの頃のこと。21年、関西に出た西村は、同志社英学校に学び、大阪基督教会では宮川経輝牧師の教えを受ける。23年帰郷、小学校の代用教員となる。松山組合基督教会所属となった宣教師のコーネリア・ジャジソン女史と出会い、女史の夜学校設立に協力。翌24年1月、松山市三番町に「普通夜学会」を開く。現在の、松山城南高校だ。

明治25(1892)年、21歳で同校の校長となり、2年後には「松山夜学会」と改称。以降、勤労青年の教育と伝道に、文字通り心血を注ぐ。校長在任は、62年に及んだ。

「山路こえて」は、西村の教育と伝道に明け暮れる生活の中で生まれたもの。

明治36(1903)年、宇和島教会で伝道を続けていたジャジソン女史を応援しての帰り、まだ鉄道が通っていなかった時代である。日暮れて法華津《ほけつ》峠にさしかかり、大洲の町までまだ5里もあると考えると心細くなった西村は、「わが思い、神に届け」と、一節一節、言葉を紡いだ。これが、同年に編まれた『讃美歌(1903年版)』に採用され、今日も歌い継がれている讃美歌466番である。

キリスト者だった作家の三浦綾子に、『母』という長編がある。

昭和の初め、権力の不正と戦い、特高警察によって虐殺されたプロレタリア作家・小林多喜二の生涯と人となりを、彼の母・小林セキが故《ふる》郷《さと》の秋田訛りで語る内容である。

三浦は、この中に「山路越えて」とした一章を立て、西村の讃美歌466番が、息子・多喜二の死後、荒《すさ》んでしまったセキの心に、いかに働いたかを綴《つづ》っている。

自身が手書きし、唐紙（障子）に貼り付けたひらがなばかりの歌詞を指し示しながら、セキの一人語りである。

「ちょっとご詠歌に似てるどもね。六番まであるけど、三番までうたっているうちに、神さまの所さ着くべさ」

「わだしが死んで、一人とぼとぼ歩いていくんだども、なんも淋《さび》しくないのね。イエスさまの手さつかまって、イエスさまと一緒に、天の国さ行くからね」

三浦綾子著『母』（角川文庫、平成8年）

同書の解説では、セキが讃美歌やキリスト教に惹《ひ》かれていった理由を、イエス・キリストの十字架上の痛ましい死を描いた絵を見て、キリストの死に我が子多喜二の死を重ね合わせて考えた、とあるが、さて、そんなものだろうか。

逆縁。それも、何の罪科もなく、時の権力によって子どもを惨《むご》たらしく殺されたのである。その母の悲しみ、怒りは想像に余りある。

そんなセキの心を鎮めてくれたのが、讃美歌466番「山路こえて」だった。西村が歌詞に込めた言霊《ことだま》が、彼女を救ったのだろう。

法華津峠の岩頭、法花津湾と宇和海を一望する場所に讃美歌466番「山路こえて」の歌碑が立つ。

碑には、「ひとりゆけど　主の手にすがれる身はやすけし」と続く。

心底にストンと落ちる詞だ。南国、四国で生まれた歌だが、北国の母の心にも響いたのであろう。

歌詞の刻まれた石も、なんとも優しげな姿をしている。

宇和島人

［宇和島市和霊町］

人々の思い、精神性の沈み込む町

丸山公園内の宇和島市営闘牛場（体育館）

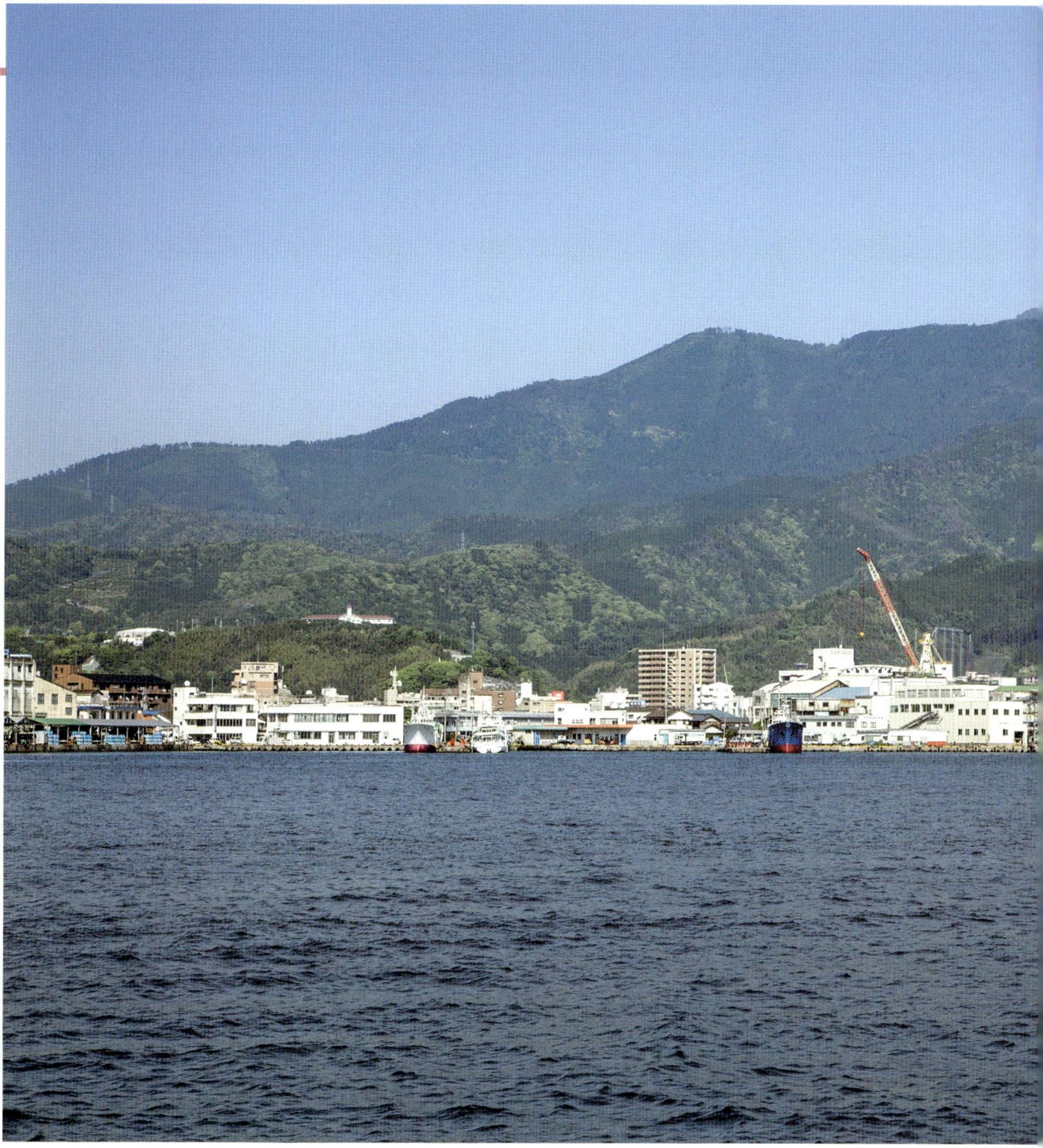

宇和島新内港全景と宇和島市街地。右手に宇和島城、後背に鬼が城山系の山々が迫る
（2015年5月14日午後5時20分頃撮影）

宇和島市街地の中央、標高80メートルの小山に築かれた宇和島城の縄張りは、三方を濠《ほり》で囲い、北と西が海に面する五角形であった。現在も、市の街路網が五角形に走るのは、築城当時の名残。

この地に根付く闘牛の歴史は、鎌倉時代まで遡るとも伝わる。

土俵上で闘う現在のスタイルが、文献に現れるのは19世紀初めのことで、現在では年5回、定期の闘牛大会(場所)が、市営闘牛場で開催される。

宇和島の話。

松山から1時間20分。この町の人と空気に惹《ひ》かれ、仕事を早く終えた日には、JRの特急宇和海に乗車、中央町のだらだら坂に灯《あか》りをともす酒場に通った頃があった。

「この町の朝日は、平地の都会に比べ1時間遅くのぼり、夕日は1時間早くしずむ」とは、初代宇和島市長・山村豊次郎の伝記、『山村豊次郎伝』(井上雄馬著、昭和25年)の一節である。

東に1000メートルを超える鬼が城山系、北は知永峠、南は松尾峠、西は、宇和島湾に臨むが湾口を九島に塞《ふさ》がれて、という宇和島の町は、昼間が2時間短い、ということだ。

伝記はさらに、「幸か不幸か宇和島人は、スリバチの底のような小天地に安住。快適な気候の中で、海山の幸に恵まれ、中庸にならされ――」と続く。

山村市長在任は、大正11(1922)年5月から4年間と、昭和2(1927)年3月からの3年間。大正末、昭和の初めの宇和島には、こんな空気が漂っていたのだろうか。

自主独立の気概と進取の精神に富んだ土地柄とのイメージがある宇和島だが、こんな一面もあったのかと、町の外からの感想である。

しかし、この辛口評も、宇和島人に向けてのエールだったのだろう。

藩政期には、海産物、紙、茶、木蠟《もくろう》などを生産、それらの専売化を実施、藩内商人を長崎貿易に従事させて殖産興業を図り、幕末には西洋兵学を移入、洋式砲台を建設、蒸気船を造り、駐日英国公使・パークスを当地宇和島に招くなど、一国家かと思われるような動きも見せている。

さらに、明治に至っては、いち早く上水道を整備、鉄道を開通させ、海運では、地元の宇和島運輸が大阪商船と瀬戸内海航路の覇を競うなど、昼間が2時間短い宇和島に暮らした人々の事績のほんの一部だ。

小天地に安住している暇などなかっただろう。

今から40年ほど遡《さかのぼ》る昭和50年頃のこと、「競馬の馬券よろしく、宇和島闘牛に〝牛券〟を発行、来場者に取り組みとギャンブルを楽しんでもらい、収益金で市の財政も潤そう」との発想から、市の幹部たちが牛券の発行を検討したことがあったそうだ。

ちょうど、市が全天候ドーム型の闘牛場を市街地北東部の丸山公園内に完成させた頃だ。

冗談のような話だが、昭和30年代に財政再建団体を経験した市の幹部連にとっては、「なんとか、財政基盤を強固なものに」という思いだったのだろう。

所管は、農林省（現農林水産省）。

伝《つて》を頼り、不本意ながら中央の役人に頭を下げての陳情も行ったそうだ。

しかしながら、特別立法が必要とのことで、頓挫。沙汰止みに。

熱心に取り組んだわりに、あきらめ、引き際はあっさりしたものだったようだ。

このあたり、明治維新の一翼を担ったが、それが成ると明治新政府とは距離を置いた、旧宇和島藩主・伊達宗城《むねなり》とその一党の身の処し方に通じるものが、垣間見える。

平成の現代なら、さしずめ〝闘牛特区〟とでも銘打って、牛券の発行も叶《かな》いそうだが――。

それは、しない。

宇和島人は、中央政府に絡め取られるようなまねは、しない。

津島郷岩松

［宇和島市津島町岩松］

穏やかに、陽光溢れる桃源郷

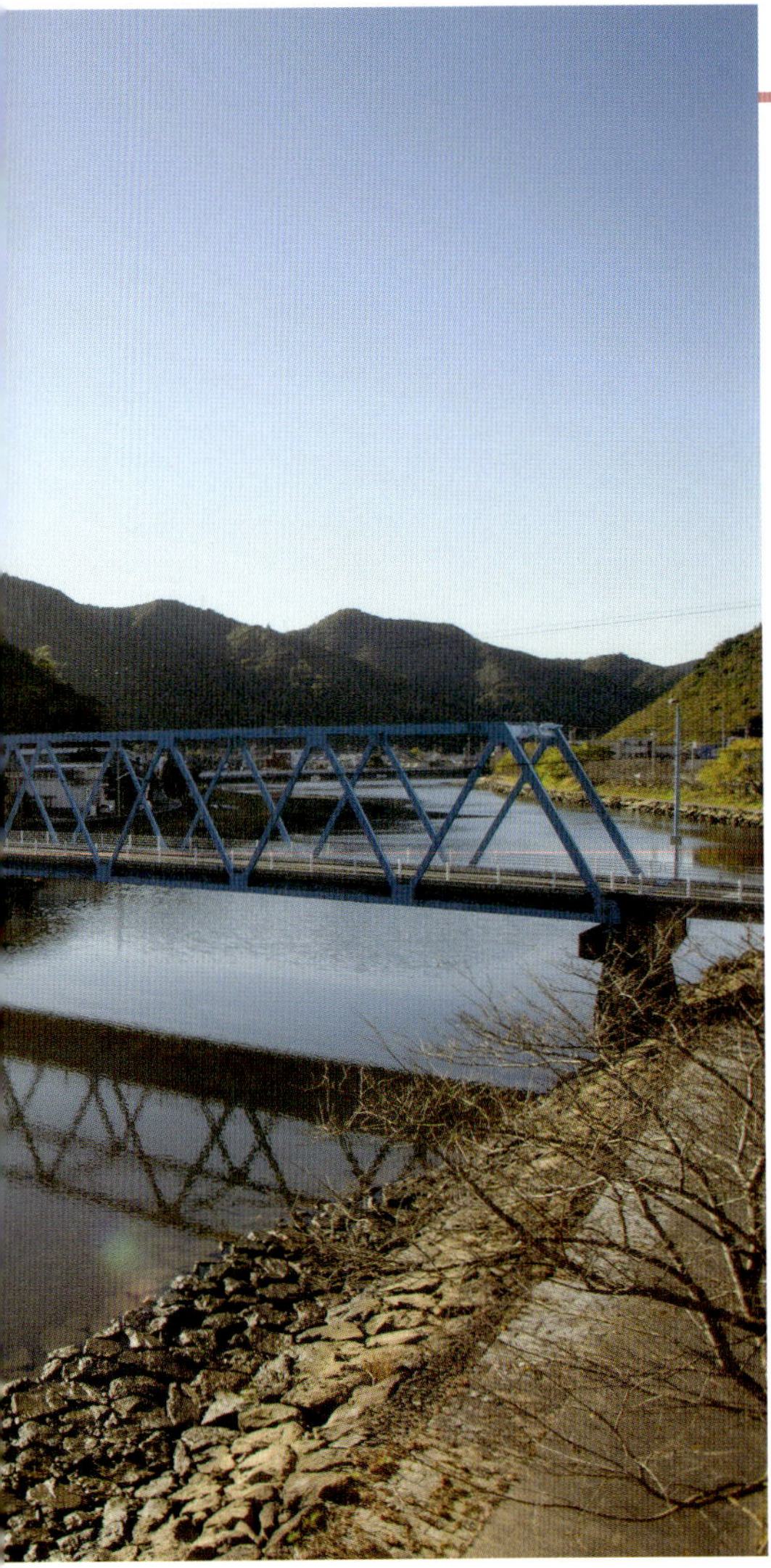

岩松川左岸、繁栄の名残をとどめる家並みが続く。奥には、臨江寺山門

「それは山々の屏風で、大切そうに囲われた陽《ひ》に輝く盆地であった」と、獅子文六が記した津島町岩松。岩松川右岸、岩松小学校前から南方向を望む　　　　　　　　　　　　　（2013年11月13日午前8時40分頃撮影）

かつての岩松で、町の中心にあった小西家は、貞享元(1684)年、宇和島城下から移ってきた酒造商だった。この地で大庄屋を務め、僧都川や岩松川下流に新田を開発、また、塩田や製蝋業も営むなど、岩松の繁栄を牽引した。

現在も本家、分家の屋敷跡が往時の繁栄を物語るようにたたずむ。

旧津島町岩松出身の酒友がいる。

底抜けに明るい人物。その話題の豊富なこと、当方の引き出しに収めた与太話の比ではない。不思議なことにこの御仁、杯を重ね、酒席も跳《は》ねようかという頃には必ず、てんでんばらばらだった話題が、郷里・岩松の話に集約されてゆくのである。

この「岩松」は、大正8(1919)年から昭和30(1955)年まで存在した宇和島市津島町内の旧町。

昭和13(1938)年、高近村を合併し、岩松・高田・近家の3大字を編成。同26年には北灘村字玉ケ月を編入。同30年、清満村・御槇村・北灘村・畑地村・下灘村と合併して津島町となり、平成17(2005)年には、宇和島市、吉田町、三間町と新設合併、宇和島市の一部となった。

急峻《きゅうしゅん》な松尾峠によって宇和島市と隔てられ、独自の地域社会を形成してきた津島郷のうち、物資の集散地として、また行政の中心としての機能を果たして来たのが、ここ岩松だった。

山間地の木炭や黒尊方面からの原木の積み出しなどのため、岩松川左岸に街村を形成、藩政期から明治、大正と、旧庄屋小西家を中心として盛んな商業活動が行われ、町は大いに栄えた。

戦後の一時期、妻の郷里であるこの町に暮らした作家・獅子文六に『てんやわんや』という作品がある。

昭和23(1948)年から翌24年、毎日新聞に連載の後、新潮社から単行本化された。北宇和郡岩松町(当時)に21年暮れから住んだ際の見聞、経験をもとに、「伊予国和比古郡相生町」という架空の町を舞台に物語を展開。饅頭《まんじゅう》食いの越智善助、鰻《うなぎ》捕り名人の田鍋拙雲、謄写版刷り恋文三割歩留りの多賀谷青年など、個性的な人物を登場させ「冬は暖かいし、物資はあるし、桃源境と云ふべき所」という岩松の風土を描き出したものである。

戦時中の些細《ささい》な罪で戦犯に名を連ねることを

恐れてこの町に滞在中、という設定の主人公・犬丸順吉に「町の人々は私を旅の者として扱はず、まるで生え抜きの相生郷人のやうに心置きない態度を見せるのである」と語らせているが、荒廃した戦後の世相のなかで、ここ岩松を桃源境として描く文六は、主人公そのものであったようだ。

話変わって、手元に『津島郷の伝話』とタイトルの付いた一冊がある。私家版である。

大正から昭和初期、そして戦後の一時期、旧北宇和郡岩松町の町長を務めた居村富士助が書き留めた、津島郷に伝わるさまざまな物語を集録したものである。

ちょうど、獅子文六が岩松で暮らした頃、町長を務めていた人物だ。

文中には、実在したであろう個人名が随所に見られ、一冊モノにまとめて大丈夫なのだろうか、不名誉な内容もあるのでは、というのがまずもっての感想だった。

物語に「村盗人の制裁」という一本がある。明治維新の頃、津島郷では他所の作物を黙って拝借するなど、盗みをはたらいた者には、真っ赤な着物を着せて1日野良仕事をさせたり、その者の家から勝手に米を持ち出して、酒と肴《さかな》に換えて、村の衆がその者の家で1日飲んで食って歌って過ごす、という制裁が課されていたそうだ。

そこには、陽光降り注ぐ南予、津島郷に広がるのどかな農村風景の中に暮らす人々の日常が生き生きと描かれ、不名誉な失敗談もほほ笑ましいエピソードに昇華されていた。

『てんやわんや』といい、この『津島郷の伝話』といい、この町はまさしく、「桃源郷」だったのであろう——。

わが酒友も、杯を重ねては、離れて数十年になる桃源郷に思いをはせているのかもしれない。

あとがき

本書は、愛媛新聞社発行の月刊「アクリート」に連載の「巡り逢いえひめ」36回分に加筆修正を加え、一冊にまとめたものです。

連載のテーマは、「地域の歴史を掘り起こし、そこに暮らす人々や息づく民俗を今に伝える」、というもの。いわゆる名所旧跡、観光地とされる場所ではなく、愛媛にはこんなところもあったのかという場所を、あえて訪ねた取材行でした。

全て既知の場所、予備知識を持っての訪問でしたが、新たに知ることも多くあり、毎回、誌面に収まり切らない量の地域エピソードが集まりました。

愛媛県内各地域、歴史は地層のように重なり、そこに生きた人々の悲喜交々《こもごも》、紡がれた民俗の数々。ほんとうに、語り尽くせません――。

最後になりましたが、出版に関わっていただいた愛媛新聞社、愛媛新聞サービスセンター、アマノ印刷の皆さんに心からお礼を申し上げます。

ありがとうございました。

平成27年8月

難波　穣

撮影に訪ねた36カ所。

長く愛媛で暮らしていますが、初めての場所も多く、毎回、新鮮な思いでシャッターを切りました。

連載で使った写真では、その場所で抱いたイメージ、特に光の加減や構図に気を使いました。また、著者の文章への導入となり、その文章を生かし切ることが出来る一枚となるようにも心掛け、撮影に臨みました。

36の写真と文章、文章と写真、それぞれが止揚した作品として、この一冊があるものと思っています。

今回の出版に際し、お世話になった全ての方にお礼を申し上げます。

ほんとうに、ありがとうございました。

平成27年8月

桜田　耕一

プロフィール

難波　穣（なんば・ゆずる）

1957年、松山市生まれ。
1980年、同志社大学文学部卒。
編集者・ライター。地誌関連著作多数。

桜田耕一（さくらだ・こういち）

1955年、松山市生まれ。
1978年、松山デザイン専門学校卒。
フリーランスカメラマン。桜田スタジオ主宰。

巡り逢いえひめ
－歴史と人と民俗と－

2015年8月30日　初版 第1刷発行

著　者　文　難波　穣
写真　桜田 耕一
発行者　土居 英雄
発行所　愛媛新聞社
編　集　愛媛新聞サービスセンター
〒790-0067 松山市大手町一丁目11番地1
電話〔出版〕089(935)2347
〔販売〕089(935)2345
印刷製本　アマノ印刷

ISBN978-4-86087-119-2　C0095